1. Auflage 11 / 2000
2. Auflage 02 / 2001
3. Auflage 04 / 2001

Autorin Bärbel Drexel

Druck Wolfgang Schmidl

Layout Bärbel Drexel
Rita Schmidberger
Ellen Ebert

Fotos Jutta Miller

ISBN 3-9807154-1-8

Vorbemerkung

Da Feng Shui aus traditionellen chinesischen Glaubensvorstellungen resultiert, überlasse ich die Wahrheitsfindung der geschätzten Leserin und dem geschätzten Leser selbst. Weder der Verlag noch die Autorin können für Schäden oder dergleichen aufgrund falscher Anwendung haftbar gemacht werden.

風水

Feng Shui

Inhaltsangabe

Dank

Dieses Buch widme ich all den treuen Menschen, die mich über die letzten Jahre mit ihren Anregungen und guten Wünschen begleitet haben.

Insbesondere danke ich meinen Mitarbeitern, die mich in dem Maße entlastet haben, um zusätzlich und auf die Schnelle dieses Buch zu schreiben, das auf Ihre Bedürfnisse in Sachen Einführung ins „Wohn-Feng-Shui", liebe Kunden, zurechtgeschnitten ist.

Hier möchte ich Ihnen noch einen kleinen Leitspruch mit auf den Weg geben.

"Das Glück tritt gerne in ein Heim ein, wo positive Energie herrscht."

Ihre
Bärbel Drexel

Vorwort

Die Beschäftigung mit der Naturheilkunde, das Lernen meines Berufes - ich bin Heilpraktikerin - sowie die Erkenntnis über die Jahre, dass alle Dinge um uns herum, wie Licht, Luft, Wasser sowie die Elemente, die wir uns selbst schaffen, uns beeinflussen, hat mich auf den Weg gebracht, bei allem etwas genauer hinzusehen.
Die Naturelemente Feuer, Erde, Metall, Holz und Wasser sollten in einem harmonischen Miteinander unser Leben beeinflussen. Vielen von uns ist die tiefe Bedeutung der Elemente abhanden gekommen, aber genau sie sind es, womit wir uns umgeben und womit wir uns stärken.

Auf der Suche nach dem vollkommenen Wohlfühlen, das über die eigene Gesundheit geht, ist es ein Muss, den Schwerpunkt ebenso in seinen „4 Wänden" zu suchen.

Die Aktivierung der Energien, insbesondere der positiven Energie „Chi", steht im Mittelpunkt der Suche. Die aus dem Asiatischen kommende Feng-Shui-Lehre, die ca. 5000 Jahre alt ist, findet heute auch zunehmend im europäischen Raum ihren Einsatz. Vorreiter sind seit Jahrzehnten Gewerbetreibende wie Banken, Versicherungen und große Konzerne.
Die Wirkung von Farben, Formen und Symbolen, ist, wenn wir es genauer betrachten, etwas, das dem Auge gut tut und warum man sich spontan in gut eingerichteten Feng-Shui-Wohnungen oder -Häusern wohl fühlt.
Diese Energien, die uns auf diese Art einladen, laden auch die positiven Energien „Chi" ein, hier zu verweilen.

Einleitung

Alle reden von Feng Shui.
In diesem Buch bekommen Sie klare, einfache Strukturen sowie Hilfsmittel aus Ihrer Umgebung, die Ihnen das Leben mit Feng Shui näher bringen.
Die Chinesen haben Feng Shui vor vielen tausend Jahren entwickelt, um die unsichtbare Lebenskraft, die wir in diesem Buch „Chi“ nennen, für sich nutzbar zu machen. Wie sich diese positive Energie verhält, haben die Asiaten über viele tausend Jahre beobachtet und niedergeschrieben.
Da wir hier in Europa mit Feng Shui bis vor wenigen Jahren gar nichts anzufangen wussten (das ist heute leider immer noch nicht viel besser), sind unsere Wohnsituationen oft sehr mangelhaft. Nach den Gesichtspunkten des Feng Shui ist es nicht verwunderlich, dass viele Menschen in Europa mit sich unzufrieden sind, wenig Freude empfinden, nur kurzzeitig Liebe entwickeln können oder aufgrund ihrer Wohnsituation

sogar krank werden. Das, was wir uns gezüchtet haben, ist das „Sha", die negative Energie, die Energie, die zu reißend wirkt und aufgrund unserer Einrichtung negative Schwingungen verstärkt. Wenn wir in unserer Wohnung oder in unseren Zimmern eine harmonische Ausstrahlung erreichen wollen, ist dies nicht unbedingt eine finanzielle Frage, denn es lässt sich auch mit wenigen Handgriffen, z. B. mit dem Umstellen von Möbeln, die Energie verändern. Das harmonische Wohnen mit Feng Shui beruht auf mehreren Traditionssäulen, die sich in zwei klare Lager spalten.

Die Formenschule und die Kompassschule.

Das Kombinieren dieser beiden Schulen ist nur dann möglich, wenn ein neues Gebäude erstellt wird und die gestalterische Freiheit dieser beiden Feng-Shui-Richtungen voll ausgelebt werden kann.

Hier in meinem Buch geht es im Schwerpunkt um die Formenschule, die ein Wegbereiter für positive Energien ist. Das Eliminieren von schädlichen Energien steht im Vordergrund, aber ebenso, wie das Wort Formenschule schon sagt, forme ich oft mit Kleinigkeiten ein Feng Shui in einer mir vorgegebenen Umgebung.

Der Quell frischer Energie lässt sich immer mit fließendem Wasser, wie z. B. einem Zimmerbrunnen, stärken. Dieser Quell frischer Energie beflügelt den Geist und nährt die Lebenskraft.

Sollten Sie den Drang verspüren, sich mit der Feng-Shui-Schule der Himmelsrichtungen auseinander zu setzen und diese mit der Formenschule zu kombinieren, werden Sie schnell merken, dass sich nicht nur ein gedankliches Chaos entwickelt, sondern dass auch die Durchführung unmöglich ist.

Das Bagua

1 Lebensweg - Karriere

2 Partnerschaft

3 Familie

4 Wohlstand

5 Tai Chi - Gesundheit

6 Freunde

7 Kinder

8 Wissen

9 Ruhm

Das Bagua

Das Bagua (Ba = 8, Gua = Bereich) ist ein Raster, das sich in 8 Teile aufgliedert. Diese 8 gleichen Teile gruppieren sich um einen, der in der Mitte sitzt und so zum Zentrum wird. Dieses Bagua ist eine Orientierungshilfe, mit der sich Ihr Haus, Ihre Wohnung oder auch jedes einzelne Zimmer in diese 8 bzw. 9 Teile einteilen lässt. Die ursprüngliche Form des Bagua ist achteckig, wird aber heute zur Vereinfachung mit 4 Ecken gezeichnet. Diese einfache, aber ebenso wichtige Orientierungshilfe ist für jeden Feng-Shui-Anhänger ein Muss.

Und so wird es gemacht:

Sie benötigen einfach einen Plan, einen Grundriss oder eine maßstabsgetreue Skizze Ihrer Wohnung. Darauf markieren Sie am besten mit einem farbigen Stift die Außenkonturen, ebenso sollten Sie den Wohnungs- bzw. Hauseingang hervorheben.

Tipp

Kopieren Sie Ihren Grundriss oder Wohnungsplan in die entsprechende Grösse.
Pausen Sie das Bagua von Seite 8 auf ein Pergamentpapier und legen Sie dieses darüber.

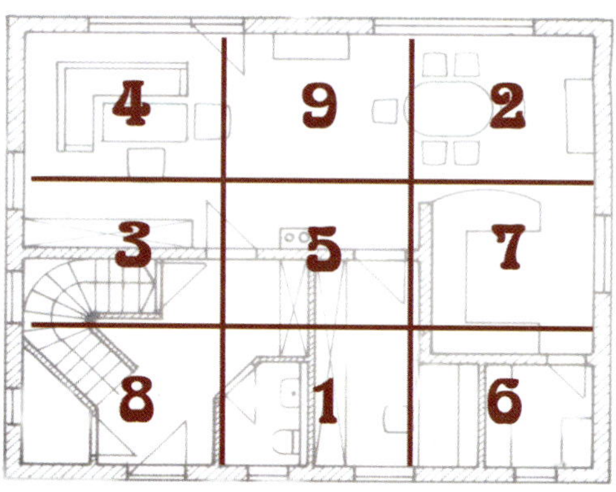

Dann legen Sie das Bagua so an, dass die Grundlinie der Felder 8, 1 und 6 an der Wand der Eingangstür liegt. Das Bagua-Raster wird in der Größe selbstverständlich dem Grundriss der Wohnung angepasst (siehe Beispiel).

Zone 1 - Karriere

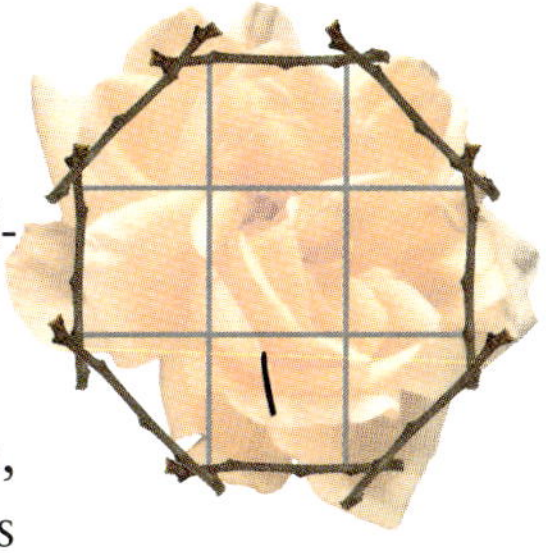

Karriere, Zone 1, ist einer der wichtigsten Bereiche, die einer besonderen Gestaltung bedürfen.

Sollten Sie im Beruf keinen festen Anker finden, immer wieder Arbeitsstellen wechseln oder das Gefühl haben, dass Sie beruflich auf der Stelle treten oder mit Ihrem erlernten Beruf, der ja Berufung sein sollte, danebenliegen, ist dieser Bereich unbedingt zu formen.
Hier ist es wichtig, durch Möbel, Farben oder Einrichtungsgegenstände, insbesondere auch durch Spiegel, den Bereich aufzuwerten. Herumstehende Schuhe, Kartons oder andere Gegenstände stören den Fluss des Chi und sollten unbedingt entfernt werden. Den Fluss der Energie stärkt man insbesondere durch fließendes Wasser und einen Spiegel, der das Wasser auf der gegenüberliegenden Seite wiedergibt.

Tipp

Um die Optimierung des Chi zu erreichen, hängen Sie die Flöten unbedingt mit dem Mundstück nach unten auf.

Ideal wäre ein Spiegel, der das Bagua in seiner Form zeigt. Zu empfehlen wäre besonders, da der Eingangsbereich auch meistens der Bereich der Karriere ist, das Aufhängen von zwei Bambusflöten, die außen über Ihrer Haus- oder Wohnungstür anzubringen sind. Die Form der Anbringung sollte in einer gedachten Bagua-Form erfolgen, siehe Beispiel. Es heißt, die Energie, die durch die Flöten zieht, bläst die negative Energie fort.

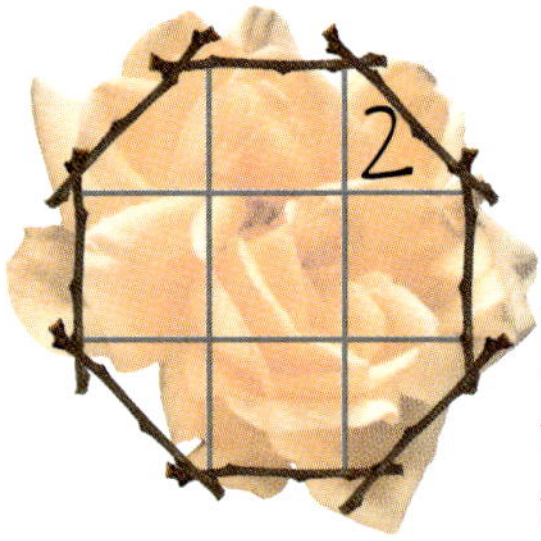

Zone 2 - Partnerschaft

Die zwischenmenschlichen Beziehungen sind bei uns in den fortschrittlichen Industriestaaten nicht unbedingt einfacher geworden.
Die Emanzipation der Frau bringt das Selbstbewusstsein und somit jahrtausendealte Strukturen des Mannes ins Wanken.
Das Lernen mit dem Umgang des Partners, mit dessen Entwicklung Schritt zu halten und die Stärkung der Zone Partnerschaft bietet einen Weg und eine Möglichkeit der Lösung. Sollte die Zone der Partnerschaft in der Besenkammer sein, ist dies natürlich eine ungünstige Konstellation, die einer Aufwertung bedarf.
In diesem Fall hilft es nur noch, ein anderes Zimmer mit Partnerschaftssymbolen zu stärken. Vorzugsweise sollte dies im Wohn- und Schlafzimmer erfolgen. Stärkende Symbole sind Paar-Delfine, die, wie es bei Delfinen natürlich ist, im Wasser spielen möchten.
Ebenso sollte der Partnerschaftsbereich mit vor Kraft strotzenden Pflanzen (bitte nicht mit spitzen Blättern) geschmückt werden.

Die Farbe für den Partnerschaftsbereich ist die Farbe der Liebe, „rosa". Edelsteine in dieser Farbe, wie z. B. der Rosenquarz, eignen sich hervorragend, um Partnerschaftsbereiche aufzuwerten und, egal in welchem Zimmer dies stattfindet, die Farbe der Liebe abzugeben.
Im Schlafzimmer sollten sich niemals Spiegel befinden, da diese auf jeden Fall die Zweisamkeit beeinträchtigen.

Tipp

Gestalten Sie das Zimmer indem Sie sich am meisten mit Ihrem Partner aufhalten, mit möglichst vielen Attributen des Feng Shui und schaffen Sie so eine Zone in der das „Chi" seinen Einzug halten kann.

Zone 3 - Familie

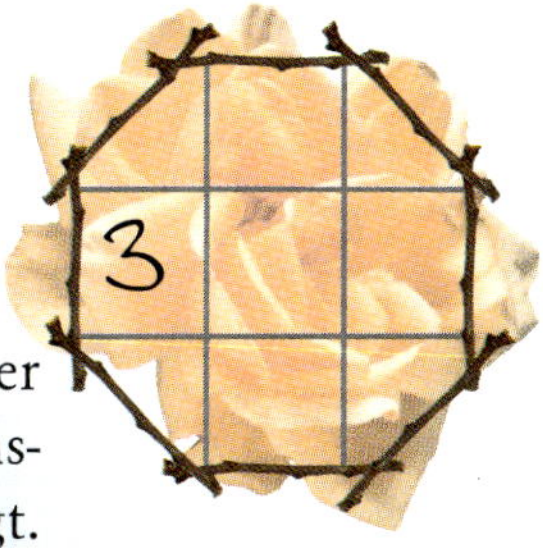

Der Bereich der Familie bedarf ebenfalls einer besonderen Stütze, denn eine Familie ist die kleinste soziale Struktur, die den Einzelnen auffängt. Familienstrukturen, wie sie früher gang und gäbe waren, existieren heute nicht mehr.
Die Kleinfamilie, Eltern und Kinder oder Alleinerziehende mit Kindern, sind zum Schwerpunkt geworden. Diese kleinen Strukturen drohen immer öfter noch weiter zu zerbrechen, so dass der Halt in der Familie leider keine Selbstverständlichkeit mehr ist.

Die besondere Energie des Chi, die hier unbedingt genutzt werden sollte, kann in Form von Kristallen, von außen durch die Kraft der Regenbogenkristalle eingebracht werden (ich nenne sie Regenbogenkristalle, weil das Licht, das sich darin bricht, sich in strahlenden Regenbogenfarben im Raum verteilt). Auch ist die Farbe grün unbedingt diesem Bereich zuzuordnen.

Dabei würde ich persönlich natürlich die fließende Energie des Wassers im Auge behalten. Sehr sinnvoll wäre es auch hier, das Ganze mit einem Tupfer Orange und Pflanzen abzurunden. Da der Bereich der Edelsteine alle Farben und die positive Energie der Erdgeschichte in sich trägt, sollten Sie gegenüber einer Aufwertung mit Edelsteinen aufgeschlossen sein.

Tipp

Arrangieren Sie z. B. den Essplatz, an dem sich für gewöhnlich alle Familienmitglieder am häufigsten treffen, mit besonders liebevoller Hand und wie im Text erwähnt, mit Chi-fördernden Farben und Formen.

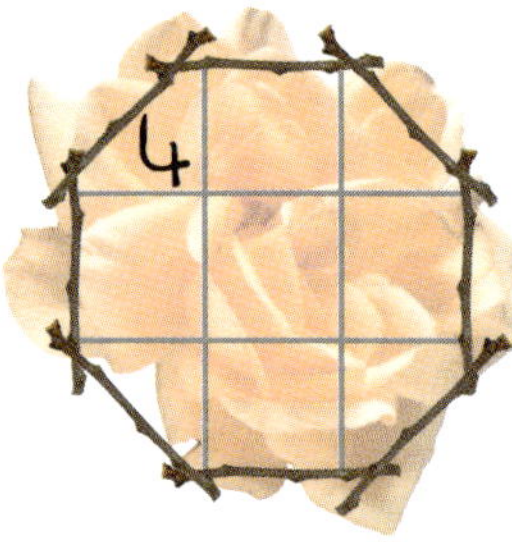

Zone 4 - Wohlstand

Der innere und äußere Wohlstand ist für jeden Menschen ein erstrebenswertes Ziel. Das wahre Glück zu finden, die Zufriedenheit und die Fähigkeit, das Leben mit seinen Herausforderungen anzunehmen und konstruktiv, in allen Aspekten des Lebens, den Wohlstand zu fördern, ist unser aller Wunsch und Ziel.

Das nötige Kleingeld, das wir alle zum Leben brauchen, muss in ausreichendem Maße vorhanden sein, damit wir nicht ausschließlich unser Leben damit verbringen, dem Geld hinterherzujagen. Ebenso wie alle anderen Bereiche des Bagua lässt sich der Bereich der Fülle und des Wohlstandes unterstützen. Mit ein paar Grundregeln ist die tägliche Jagd nach dem Geld weniger anstrengend und auf einmal kommt durch den Energiefluss mehr Lebensqualität in Ihr Heim.

Das Aktivieren der Zone 4 mit sauberem Wasser, mit Gegenständen der Fülle, wie z. B. Geld (bitte nicht in kleinen Münzen), und das Auffangen des Wassers in einem Gefäß, wie z. B. in einer Brunnenschale, wertet diesen Bereich enorm auf. Auf gar keinen Fall sollte Ihre Besenkammer, Ihre Toilette oder ein Treppenabgang in diesem Bereich liegen.

Sollte jedoch Ihr Grundriss so gestaltet sein, würde ich Ihnen raten, sich ein Zimmer Ihrer Wahl auszusuchen und dieses mit dem Bagua in entsprechende Zonen zu unterteilen und mit allen Attributen des Feng Shui auszustatten.

Zone 5 - Tai Chi

Das Tai Chi. d. h. die Lebenskraft Ihrer Wohnung oder Ihres Hauses, befindet sich exakt in der Mitte desselben. An unserem nebenstehenden Bagua erkennen Sie mit Leichtigkeit die zentrale Stellung, die ebenso, gerade weil sie zentral liegt, von allergrößter Bedeutung für Ihr Gesundheitspotenzial ist. Dies ist ein Bereich der Zentrierung, der ein ausreichendes Potenzial bietet mit einer entsprechenden Effizienz für gesundheitliche Vorteile.
Das Aufwerten dieses essenziellen Bereiches erfolgt nach asiatischer Schule, mit Regenbogenkristallen, oft auch mit einem Drachen, der für Stärke und Kampfgeist steht, aber ebenso wertet das Sinnbild der Freundlichkeit und der Verspieltheit, der Delfin, diesen Bereich enorm auf.

Tipp

Auch Planzen die vor Kraft und Fülle strotzen, bieten eine gute Möglichkeit, den Tai Chi-Bereich zu optimieren.

Ein Zimmer-Bagua

4	9	2
3	5	7
8	1	6

Ideal ist für diesen Bereich auch eine so genannte DNS-Spirale, die beispielsweise in diesem Bereich an die Decke gehängt wird. Blockaden, die sich in diesem Zentrum befinden, sollten unbedingt mit einer entsprechenden Schutzräucherung durch Räucherwerk (dies ist ein Verbrennen von Pflanzenteilen) in entsprechenden Gefäßen beseitigt werden.

Das Tai Chi eines Menschen spiegelt seine Seele

Dabei sollten Sie bedenken, dass jedes Stockwerk sein eigenes Zentrum hat, aber auch jedes Zimmer hat sein eigenes Zentrum. Wenig ideal ist auch in diesem Bereich des Tai Chi die Hausapotheke, den Küchenabfluss oder beispielsweise das WC zu platzieren.

Sollte dies trotzdem der Fall sein, werten Sie die Zimmer einzeln nach dem Bagua auf, um das Energiedefizit, das Ihren Lebenstil und auch Ihre Gesundheit beeinträchtigt, wieder aufzufangen.

Zone 6 - Freunde

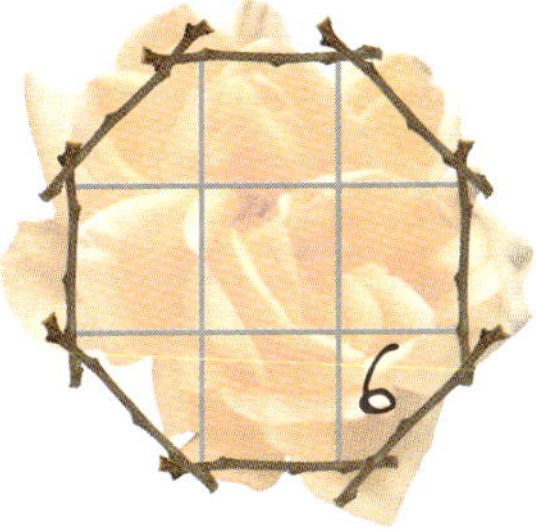

Der Bereich 6, der hilfreichen Freunde, ist ebenso wie die anderen Bereiche nicht zu unterschätzen. Hilfreiche Freunde sind z. B. in unseren europäischen Breiten Schutzengel. Diese für uns so wichtigen Wesen begleiten uns, wenn wir dazu bereit sind. Ebenso sollten wir es nicht versäumen, diese hilfreichen Geister einzuladen und sie mit einer entsprechend gestalteten Bagua-Zone zum Bleiben in unserem Heim zu bewegen.

Wenn Sie unter dem Gefühl leiden, isoliert zu leben, immer wenig Glück zu haben, ist es umso wichtiger, in Ihrem Heim zu schauen, ob der Bereich der hilfreichen Freunde ganz fehlt oder durch störende Einflüsse belastet wird.

Ob die Maßnahmen, die Sie treffen, um diesen Bereich aufzuwerten, helfen, merken Sie daran, dass Sie nun öfter einmal in wichtigen und auch brenzligen Situationen überraschende Hilfe fast zufällig erhalten, die die Situation entschärft.

Stärkendes Symbol im Asiatischen ist z. B. ein Licht, das die hilfreichen Freunde zu erkennen vermögen, und die Symbolik des Drachens (Glücksdrachen) ebenso wie der Delfin oder auch ein Fächer, um die Energie zu verteidigen.

Duftende Sandelholzfächer z. B. leiten die Energie mittels des Fächers in der hohen Schule des Feng Shui so, dass ein energetisches Spiegelbild entsteht.

–
Menschen die unser Leben begleiten, ohne zu fordern
–
Freunde
–

Zone 7 -Kinder

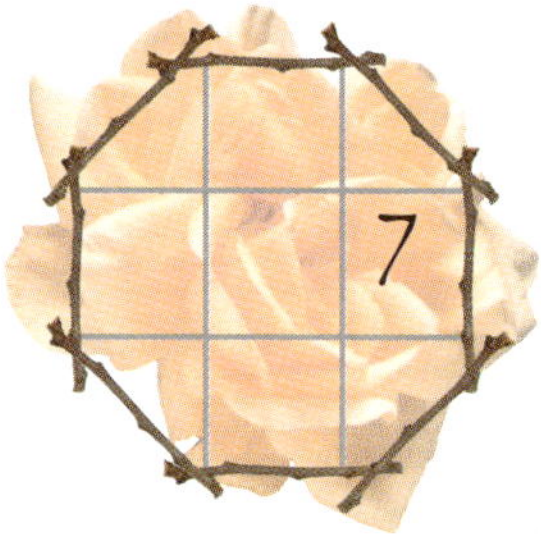

Kinder, die wir als Eltern geschenkt bekommen, sind nicht nur eine Pflicht, sondern sie symbolisieren auch die geistige Weiterentwicklung.
Dass wir an unseren Kindern lernen können, wissen nicht nur die alten Propheten, sondern die tägliche Erfahrung im Umgang mit unseren Kindern verblüfft uns immer wieder.

– Kinderlachen – die zauberhafteste Musik der Welt –

Das positive und liebevolle Umgehen nicht nur mit den Kindern, sondern auch mit unserem Lebenspartner und vielleicht auch mit Menschen, die von uns abhängig sind, schöpft Kraft aus diesem Bereich.
Ein Kreativitätsstau ebenso wie Kinderlosigkeit bedürfen einer Aktivierung dieser Zone 7.
Die geeignete Aktivierung finden Sie in der Anregung Ihrer Freude und Fantasie, mit Musik, funkelnden Regenbogenkristallen oder spielenden Delfinen. Die Freudigkeit des plätschernden Wassers in Verbindung mit diesen Elementen wird in Verbindung mit lichtdurchfluteten Edelsteinen zum Glanzpunkts Ihres Zukunftspotenzials.

Ätherische Öle und die damit einhergehenden Düfte stärken, reinigen und energetisieren im hohen Maße, diesen Bereich.

Zone 8 - Wissen

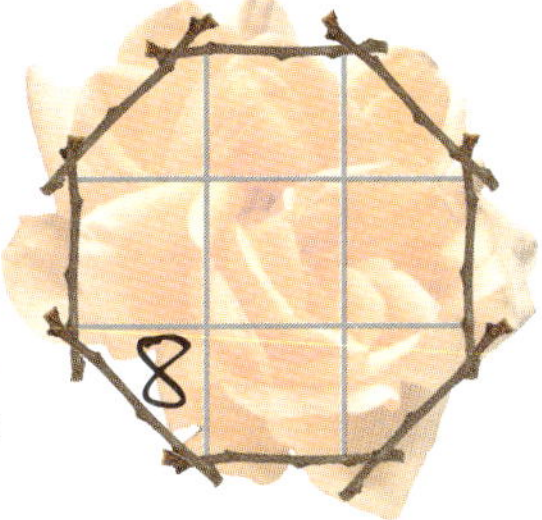

Das intuitive Wissen fördern wir, indem wir in der Zone 8 unser Studium der Bücher und das Sammeln von Geisteswissenschaften betreiben. Ebenso beinhaltet der Bereich des Wissens die Frage nach dem Sinn des Lebens:
Was ist meine Lebensaufgabe und welcher Weg führt zum Ziel meines Lebens.
Der oft nur schwer zu findende Zugang zu den Gedanken, die wir in Ruhe zu Ende denken müssen, bedarf einer Aktivierung des Chi. Das Wissen, das wir aus dem Bauch heraus schöpfen sollten und mit unserem Kopf zudenken (überlagern), ist oft verfälscht und entspricht nicht unserer inneren Triebfeder.
Die energiereichen Zeilen, die von Menschen mit hoher Lebenserfahrung niedergeschrieben wurden, stärken den Geist und die Lebenskraft. Die Triebfeder des dritten Auges oder des Gefühls, aus dem Bauch heraus handeln zu müssen, sollte allerdings in gleichem Maße gestärkt werden. Eine ideale Möglichkeit ist es auch in diesem Bereich mit Kristallen, vorzugsweise, hier Bergkristall oder Sodalith, ebenso wie mit diesen beiden Farben, intuitives Wissen, das früher unser Überleben gesichert hat, zu stärken.

–
Lernen um zu Leben
–
Leben um zu Lernen
–

Auch sollten Utensilien, die diese Intuition unterstützen, diese Zone 8 stärken. Hier denke ich an Hilfsmittel wie Pendeln, Meditieren oder das Anbringen eines Windspiels, das durch sanftes Erklingen geistige Schwingungen stärkt. Ganz wichtig sind ebenso natürliche Düfte, die z. B. durch Verbrennen (Räuchern) entstehen. Dies ist ein unbedingtes Muss.

Zone 9 - Ruhm

Die Taten, die Sie in Ihrem Leben vollbringen oder auch nicht vollbringen, spiegeln sich in dem wider, wie man von Ihnen spricht.

Unser Image, unsere Wirkung auf andere, d. h. unser gesamtes Auftreten, ist abhängig von uns selbst.

Unser Auftreten und unsere Ausstrahlung, unser sogenanntes gewisses Etwas, wird beeinflusst durch die Zone 9.

Unser Alltag, der uns in Körperhaltung und Gesichtsausdruck formt, kann sich positiv, aber auch im entsprechenden Maße unvorteilhaft auf unser Charisma auswirken.

Zur Stärkung unserer Strahlkraft und unserer Wirkung nach außen, die wir bei schwierigen Terminen, Besprechungen oder auch beim einfachen Umgang mit anderen Menschen dringend brauchen, empfehle ich nachfolgende Hilfsmittel für diesen Bereich.

Der Bereich 9 muss die Verbindung zwischen Himmel und Erde darstellen mit den Elementen Feuer und Wasser, die sich symbolisieren lassen mit einem Teelicht und dem wieder mal fließsenden Wasser. Sie sollten die Farbe Orangerot wählen.

Tipp

Stärken Sie Ihre Ausstrahlung, denn Sie ist der erste Eindruck, den Ihr Gegenüber von Ihnen bekommt.

Um Ihr Chi am Körper zu stärken umgeben Sie sich mit den Düften der Intuition, die bei Ihnen und Ihrem Gegenüber eine Resonanzqualität erreichen, die Sie stärkt und den anderen beeindruckt. Hierbei sollten Sie unbedingt auf die Natürlichkeit der Essenzen achten, die die Aussagekraft der einzelnen Duftstoffe unterstreicht. Synthetische Düfte sind hierfür ungeeignet.

Positive Energien aus der Umgebung nutzen

Tipp

Efeuranken oder üppige Blumengebinde ob echt oder aus Stoff, Seide usw. eignen sich besonders gut um Ecken und Kanten zu entschärfen.

Schlechte Energien oder, wie es im Feng Shui heisst, „Sha Energie“ können in Ihrer Umgebung negative Ereignisse auslösen.

Ihre Umgebung stellt den Wohnbereich mit allen Einrichtungsgegenständen und Farben dar. Diese können verschiedene Energien ausstrahlen.

Das subtile Bemerkbarmachen von positiven oder negativen Energien macht es für den Anfänger schwer, diese zu differenzieren. Mit dem geübten Auge und etwas Sensibilität sollten Sie lernen, Ihre Umgebung bewusst aufzunehmen und sich mit Hilfe von Tipps aus diesem Buch mit den negativen sowie den positiven Energien auseinander zu setzen. Das Beobachten von kleinen Veränderungen, die Sie in Ihrem Wohnraum vornehmen, indem Sie vielleicht einen Feng-Shui-Bergkristall an ein Fenster der Südseite hängen, lässt Ihr anfänglich noch ungeübtes Auge die positiven Eigenschaften gerade in diesem Fall stark wahrnemen und somit auch spüren.

Viele Kanten und Ecken werden für Sie vielleicht der nächste Schritt sein (die Ihnen vorher noch gar nicht aufgefallen sind) diese zu beseitigen.

Grünpflanzen, die sich in ihren weichen Formen um diese scharfen Spitzen winden, seien sie aus Kunstseide oder echt, sollten zu Ihrem Handwerkszeug gehören.

Stärkende Energien Chi

In diesem kleinen Büchlein kann ich leider nicht die gesamte asiatische Kultur des Feng Shui wiedergeben. Deshalb muss ich mich auf die für uns Europäer notwendigsten, nutzbarsten und umsetzbarsten Tipps beschränken. Es würde Ihnen wenig helfen, wenn ich Ihnen alles das wiedergebe, was der Asiate an Hilfsmitteln, Ausrichtungen nach Norden, Süden, Osten und Westen und die Stärkungen durch Drache, Phönix, Schildkröte usw. benutzt.

Aus diesem Grunde beschränke ich mich auf wesentliche Grundregeln, die klar strukturiert und für Sie auch umsetzbar sind. Positive Energie, das sogenannte Chi, wird geführt durch den Weg, den ich als Mensch ihm biete. Chi will fließen wie ein natürlicher Flusslauf, leicht geschlängelt und jederzeit in der Lage, überschüssige Energien wie ein Fluss in seinem Bett zu tragen. Das Führen dieser Chi-Energie wird begleitet durch positive und von uns gehegte und gepflegte Gegenstände.

So sollten Gegenstände, die Sie von Verwandten oder auch Freunden bekommen haben, sofern Sie sie mögen, am richtigen Ort platziert werden. Sollte das nicht der Fall sein und Sie die geschenkten Gegenstände eigentlich „gar nicht wollen“ und diese deshalb ungepflegt in der Ecke stehen und verstauben, trennen Sie sich lieber davon.

Aktivierend wirken Mobiles, Windspiele, Licht und Wasser sowie Farben, die den entsprechenden Bagua-Bereich unterstützen.

Tipp

Blumen oder Blumengebinde sollten wenn sie verstaubt oder vertrocknet sind unbedingt entfernt werden, da sie als sogenannte tote Gegenstände negative Energie verströmen.

Schwächende Energien Sha

Ebenso eine Energieform wie das Chi ist das, was wir eigentlich nicht um uns haben wollen, das Sha.
Sha entsteht dort, wo die Energie auf einer geraden Strecke, z. B. einem langen Flur oder einer vorbeiführenden, viel befahrenen Straße oder ebenso das Beschleunigen der Energien, bei Fenstern und Türen, die sich gegenüberstehen.

Ebenso entsteht die Sha-Energie bei Kanten an Häusern, Regalen, Tischen und auch Dachgiebeln, die ungünstig auf Sie, Ihre Haustür oder auf Ihren Ruheplatz zielen. Ein weiteres Sha, das von außen kommen kann, ist z. B. der Schatten eines Laternenpfahls, große Säulen oder einmündende Straßen, die auf Ihr Haus oder Ihre Wohnung zielen.

Tipp

Schauen Sie sich Ihre Umgebung von Zeit zu Zeit von aussen und von innen ganz genau an und beziehen Sie Veränderungen in Ihr Feng Shui mit ein.

Die Vielfältigkeit der negativen Energien, die uns körperlich beeinflussen können, ist unbegrenzt. Alles in Ihrer Umgebung, mit dem Sie sich nicht wohl fühlen, sollten Sie genauer unter die Lupe nehmen und dann entscheiden, ob Sie hier etwas ändern.

Natürlich sind selten Wohnungen und Häuser so ideal, dass keine Sha-Energien vorhanden sind. Aber kein Grund zur Panik, es gibt Hilfsmittel.

Einrichtungsgegenstände und Gestaltungselemente mit Chi und Sha

Die Gestaltung eines Hauses ist das Erste, mit dem sich der Architekt und die zukünftigen Bauherren beschäftigen.

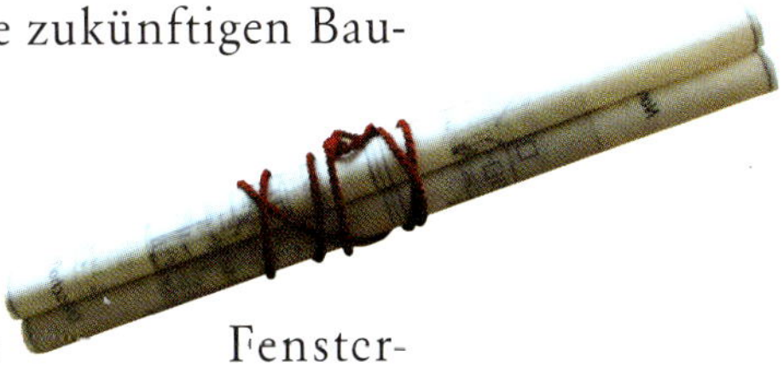

Da tauchen Fragen auf, an welche Stelle kommt die Eingangstür, wie groß sind die Fensteröffnungen, welchen Neigungswinkel hat das Dach und aus wie viel Rechtecken besteht das Haus. All diese Planungen werden im Fernöstlichen mit einem guten Feng-Shui-Meister durchgesprochen und dieser begleitet während der gesamten Zeit des Hausbaues und der Einrichtung den Bauherren und den Architekten.

Der Bau eines Hauses ist deshalb immer von Feng-Shui-Meistern begleitet, weil der Platz, an dem das Haus steht, die Ausrichtung in die richtigen Himmelsrichtungen sowie Grundriss, Fenster und Türen, kurz gesagt, der komplette Bau, Sie und Ihre nachkommenden Generationen Ihr ganzes Leben lang schützen muss.

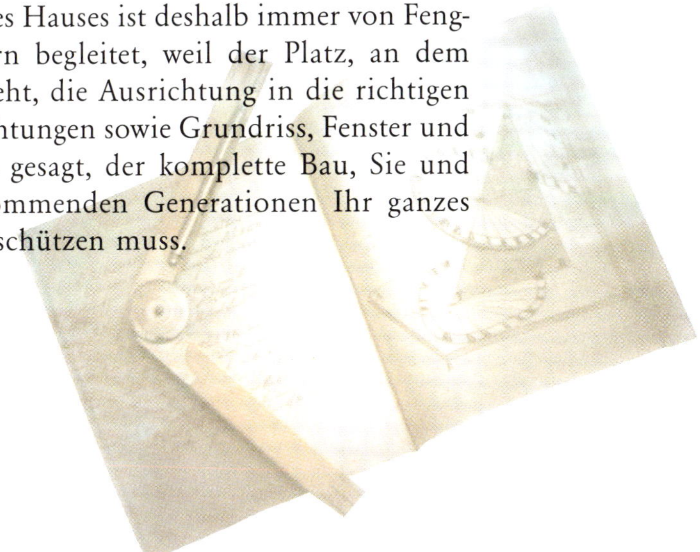

In unserer westlichen Welt wird weder auf Feng Shui noch auf Maße oder Himmelsrichtungen Rücksicht genommen. Wir beziehen Wohnungen und Häuser, die ungünstige Elemente enthalten, die gesundheitlichen und wirtschaftlichen Schaden bei ihren Bewohnern anrichten können.

Quadratische Pfeiler, blockierte Türen, die oft ungünstige Wirkung von Spiegeln am verkehrten Ort sind nur einige Elemente, die ich an dieser Stelle nennen möchte. Extrem schwierig sind z. B. Pfeiler oder Dachspitzen aus der Nachbarschaft sowie eine gegenüberliegende Straße,

> Die negativen Einflüsse abzuhalten ist die Aufgabe des Feng Shui und der Hilfsmittel, die uns im Westen zur Verfügung stehen.

– Auch Kleinigkeiten können eine grosse Wirkung erzielen –

die direkt auf Ihr Haus zuführt.
Im vorliegenden Fall sollte ein Pa-Kua-Spiegel, der konvex, d. h. nach außen gewölbt ist, Abhilfe schaffen.
Diese Spiegel sind in der Lage, Dinge und Energien zurückzusenden, die unerwünscht sind.

Ihr kleines Vorgärtchen (sofern Sie eines haben) könnte Anlass sein, die Energien mit Feng-Shui-Kugeln zu steuern.

Im Falle der unerwünschten Blicke und unerwünschten Elemente empfehle ich Ihnen die Farbe Silber, die für eine deutliche Abgrenzung steht. Treppen inmitten des Hauses, besonders wenn sie sich eng wendeln und obendrein noch Freiraum zwischen den Stufen haben, können Verluste indem entsprechenden Bereich heraufbeschwören. *Je nachdem, in welchem Bereich sich die Treppe befindet, Tai Chi, Wohlstand, Familie oder andere Bereiche, wird sich ein Energieverlust bemerkbar machen.*
Dies wäre ein Beispiel für eine extrem schwierige Situation. Je nach Bereich sollte man mit den entsprechenden Symbolen (siehe Seite 11-20) arbeiten und mit Feng-Shui-Kugeln in der Farbe Gold, die für Beständigkeit stehen und die Verluste auffangen können.

Tipp

Auf Treppen, egal ob Sie sich wendeln oder nicht, sollt in jedem Fall grosses Augenmerk gelegt werden.
Eine Optimierung dieses Treppenbereiches, z. B. durch Pflanzen, Bänder, Mobiles, Kristalle, Fächer usw. ist in jedem Fall von Vorteil

Chinesischer Turm im Englichen Garten, München

Die Optimierung des Schlafbereichs

Als Erstes sollten Sie sich einen Kompass besorgen. Hier ist die Ausrichtung des Bettes der erste Schritt, den Sie vornehmen sollten.

Selbstverständlich schlafen Sie mit dem Kopfteil in Richtung Norden und mit dem Fußteil in Richtung Süden.

Die Ausrichtung des Bettes in die Nord-Süd-Richtung halte ich für unerlässlich, da unser gesamter Körper, jede einzelne der 80 Billionen Zellen, sich nach dem Erdmagnetismus ausrichtet.

Welches ungeordnete Chaos auftreten kann, wenn Sie dies nicht beachten, macht sich nur schleichend bemerkbar, aber dafür sind die Erscheinungen umso nachhaltiger. Sie leiden unter chronischer Müdigkeit am Tage, aber ebenso ist ein Durchschlafen in der Nacht oft unmöglich und nach einigen Jahren stellen sich dann auch Krankheiten ein, die mit einem einfachen Umstellen des Bettes nicht mehr zu beheben sind.

Schwierig gestaltet sich das Ausrichten, wenn Sie mit dem Kopf zur Tür liegen und mit Ihrem Bett völlig ungeordnet im Raum stehen. Auch in diesem Fall wird Ihnen eine gute Schlafqualität nicht zur Verfügung stehen.

Um mit den Lehren des Feng Shui diese Missstände aufzufangen, versuchen Sie hier mit ein oder zwei Paravants oder fließenden Vorhängen, die sie von der Decke herunterwallen lassen, zu arbeiten.

Tipp

Im Schlafbereich sollte unbedingt eine Partnerschaft der Feng Shui-Formenschule und der Feng Shui-Kompasschule angestrebt werden.

Versuchen Sie Ihr Bett so auszurichten, dass es trotzdem mit den Füßen nicht auf die Tür zeigt. Ebenfalls sollte sich an der Wand zu Ihrem Schlafzimmer, besonders wenn Sie mit dem Kopf an dieser Wand schlafen, keine Toilette auf der anderen Seite befinden.
Hier werden Energien, besonders negative, ständig an Ihrem Kopf vorbeifließen.

Deckenbalken sind im Schlafzimmer beinahe „tödlich" und sollten darum aus jedem Schlafzimmer entfernt werden.

Ist dies nicht möglich, dämpfen Sie diese extrem negativen Energien mit langen Stoffbahnen, die Sie in weichen Wellen über die Decken spannen. Bei der Ausrichtung des Bettes sollten Sie ebenfalls darauf achten, dass Sie mit dem Kopf nicht unter einem Fenster schlafen. Ebenso sollten Sie Ihren Kopfbereich vor Elektrosmog schützen. Hier empfehle ich Rosenquarz in allen Variationen, vorzugsweise als Lampe.

Tipp

Das Wissen und Erkennen der Sha-Fallen sollte dringend mit den entsprechenden Veränderungen, die hier beschrieben werden, einhergehen.

Feng-Shui-Tipps zur Familiengründung

Tipp

Wenn Sie symbolisch Kinderspielzeug platzieren, sollten Sie darauf achten, dass dieses nicht zerschlissen, zerstaubt oder gar kaputt ist.

Junge Paare, die sich Kinder wünschen, können einiges in ihrer Umgebung verändern, um hier etwas mehr Unterstützung zu erhalten.
Sind alle medizinischen Untersuchungen gelaufen und der Arzt stellt fest, dass es keine medizinischen Probleme gibt, wäre dies der nächste Schritt.
Um ein positives Feng Shui für die Kinderplanung im Schlafzimmer zu bekommen, stellen Sie Ihr Bett so auf, wie es unter dem Thema Schlafbereich auf der Seite vorher schon angeregt worden ist.
Prüfen Sie, ob vielleicht spitze Teile, scharfe Kanten oder sonstiges auf Ihr Bett zeigen. Wenn ja, dann sind diese zu überdecken oder zu entfernen. Natürlich sollte auf gar keinen Fall ein Spiegel im Schlafzimmer sein. Dann sollten Sie im Bereich der Familie, Zone 3 im Schlafzimmer, Kinderfotos aufhängen oder symbolisch Kinderspielzeug platzieren.

Ein wichtiger Denkansatz sollte ebenfalls die Haustüre sein. Befindet sich vor der Haustüre oder über der Haustüre ein starkes kantiges Element wie Pfosten oder Dachspitzen, wäre hier ein Pa-Kua-Spiegel, der konvex gearbeitet ist, ideal, um dieses starke Sha abzuwehren genauso wie z. B. Flöten wie auf Seite 11 beschrieben. Ebenso sollten Sie daran denken, ein Windspiel vor die Haustüre zu hängen, um den störenden Einfluss positiv zu zerstreuen.

Auch Kinder brauchen Feng Shui

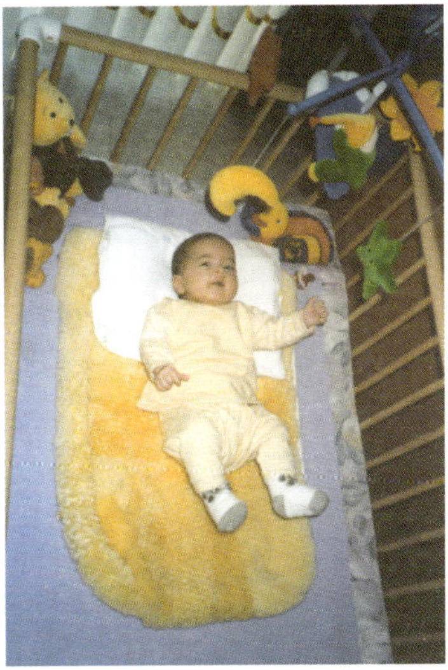

Kinder sind besonders empfänglich für jede Art von Schwingungen. Sie werden uns als Baby anvertraut mit ihrem gesamten Erbmaterial, das sie von beiden Elternteilen bekommen haben. Gesundheit und Krankheit und ob eine Krankheit zum Ausbuch kommt, liegt daran, mit wie viel positiver Energie ein Kind aufwächst. Manche Erbkrankheiten werden Ihr Kind ein Leben lang begleiten.
Dennoch lässt sich jede Krankheit auch in ihrer Intensität beeinflussen. Hierzu gibt es das positive Feng Shui der Naturheilkunde und das Feng Shui des Lebens und Wohnens.

Kinder, die heranwachsen, befinden sich in einer so genannten Prägephase und alles Erlebte prägt diesen kleinen Menschen. Deshalb ist es gerade für Kinder so wichtig, mit viel Liebe und positiven Energien aufzuwachsen, denn diese werden die kommenden Generationen weiterprägen. Wenn Ihr Kind Probleme hat, prüfen Sie das Feng Shui des Kinderzimmers.

Steht das Bett womöglich an einer falschen Stelle, stimmt die Schlafrichtung nicht, hat Ihr Kind vielleicht eine Toilette auf der anderen Mauerwand des Schlafplatzes? Allein schon die Frage des Bettes kann, wenn das eine oder andere zutrifft, Antriebslosigkeit und Aggression verursachen.

Tipp

Nutzen Sie die Kraft und die Energie der Farben für eine verspielte, luftige und harmonische Gestaltung des Kinderzimmers.

Sind in dem Kinderzimmer genügend leichte Elemente, wie ein Windspiel, z. B. von Delfinen, die besonders viel spielerische Elemente haben? Neigt Ihr Kind dazu, vielleicht auf dem Boden zu schlafen. Hier ist sicher etwas mit dem Bett nicht in Ordnung.

Hat Ihr Kind Schwierigkeiten in der Schule? Dann sollten Sie prüfen, wie der Arbeitsplatz des Kindes gestaltet ist. Sitzt es mit dem Rücken zum Fenster oder zu einer Tür?

Tipp

Durch einbringen von möglichst viel Chi-Energie können z. B. Zappelfilippe oder Etappenschläfer eine grosse Unterstützung erfahren.

Ebenso sollten Sie in der Zone 8 „Wissen“ und in der Zone 9 „Ruhm“ im Kinderzimmer Bücher oder Gegenstände die beleuchtet sind, bestenfalls natürlich einen Edelstein aufstellen. Hier empfehle ich Ihnen eine Bergkristall-Lampe.

Ruhm erreicht man nur durch Tatkraft und hier müssen entsprechend dynamische Elemente eingebracht werden.

Die Farbe Rot oder die Drachenschildkröte Lo Shu würde ich Ihnen hier empfehlen. Wichtig ist auch ein Feng- Shui-Regenbogenkristall am Fenster, um starke Energielichter in das Kinderzimmer zu bekommen.

Zum Spielen braucht Ihr Kind einen separaten Platz. Schön wäre es, wenn Sie diesen mit etwas Schutz gestalten könnten. Ein Paravent bietet die Möglichkeit des Schutzes und der Abgrenzung.

Die richtige Farbwahl für Ihr Feng Shui

Dies ist ein Thema, das allein ein Buch füllen könnte, aber hier sollten Sie auf die eigenen Bedürfnisse an Farben setzen. Sie können 100 Bücher über Farbtherapie und über den richtigen Umgang mit Farben lesen und am Schluss - und da bin ich ganz sicher - werden Sie Ihren Räumlichkeiten die Farbakzente geben, die Sie für sich und Ihre Familie aus dem Bauch heraus auswählen. *Wenn Ihr Bauchgefühl nicht stark genug sein sollte, empfehle ich Ihnen meine Pendelfibel, in der Sie Farbtafeln finden und sich so die richtige Farbe auspendeln können.* Die Bedeutung der Farben werde ich Ihnen jetzt in kurzen Worten näher bringen, damit auch bei Ihnen das Hintergrundwissen vorhanden ist.

Blau ist eine eher kühle Farbe. Sie fördert die sachliche Kommunikation und wirkt ebenso beruhigend und besänftigend.

Grün ist die Farbe der Harmonie und des Wachstums. Der Blick ins Grüne beruhigt die Nerven, stärkt die Sinne und vermittelt ein Gefühl der Ruhe und Erholung.

Gold ist die Farbe der Beständigkeit und der Fülle, des Glanzes und des Überflusses. Gold macht wertvoll, kostbar und begehrenswert. Bei den Asiaten sagt man sogar, es ist die Farbe der wahren Mitte, der höchsten Werte, Großzügigkeit und Edelmut.

Rot ist die Energiefarbe. Diese Farbe steht im Feng Shui als Glücksfarbe, die schlechtes Sha vertreibt. Gezielt eingesetzt unterstützt diese Farbe Ruhm und Erfolg. (Zu viel Rot macht aggressiv.)

Tipp

Nutzen Sie Ihr Bauchgefühl. Sie müssen sich mit den Farben Ihrer Wahl wohlfühlen können.

Tipp

Bevor Sie an Farbveränderungen Ihrer Wohnung gehen, holen Sie sich aus dem Balstel- oder Papierhandel grosse Bögen in dem von Ihnen gewünschten Farbton. Legen oder hängen Sie diese zuerst ein paar Tage lang an die entsprechende Stelle, um zu sehen, ob Sie sich damit wohlfühlen.

Schwarz und **Weiß** sind die Farben, die im Feng Shui eigentlich keine Farben sind. Sie bedeuten in beiden Fällen das Absorbieren positiver Energien. Sie sind kalt, unpersönlich und ein Raum in Weiß wird niemals zum gemütlichen Wohnraum. Diese Farben bitte nur ganz sparsam verwenden Als Ausgleich weiss eventuell leicht abtönen.

Gelb steht für intellektuelle Aktivität. Die Farbpalette von hell- bis sonnengelb wirkt von anregend über erwärmend und bis hin zu aufheiternd. Gelb erhöht ebenfalls die Konzentration und steht für Erleuchtung und fördert das Gefühl für die Lebensaufgabe.

Orange ist die Farbe für Vitalität und Optimismus. Psychologisch gesehen hat das leuchtende Orange den Charakter, alles erwärmen und erleuchten zu wollen.

Die Farbe Orange lässt sich besonders schön mit einem Orangencalcit darstellen, der seinen besonders günstigen Edelsteinfarbton an seine Umgebung weitergibt. Das gesteigerte Lebensgefühl verhilft zu Mut und Stärke.

Violett ist die Farbe des meditativen Nachdenkens. Das stimmungsvolle In-sich-Gehen, das Sie vielleicht in Ihrer Meditationsecke begleiten kann, wird zu einem feierlichen Ritual, wenn Sie gekonnt Farbakzente in Violett, bestenfalls natürlich wieder mit Edelsteinen setzen, hier empfehle ich den Amethyst.

Das Symbol des Überschreitens und Hinübergleitens wird immer wieder eine Inspiration aus der Mystik und der Magie sein.

Silber steht in Verbindung mit Weiß und Schwarz mit einem Tupfer Mondlicht. Die kalte Farbe des Mondlichts deutet schon auf die kühle, aber dennoch mystische Farbe des Silbers hin.
Dennoch steht Silber für Abgrenzung und Unnahbarkeit und sollte deshalb auch nicht im Übermaß eingesetzt werden. Auch hier sind Akzente in Silber mit warmen, energiereichen Farben, eine gekonnte Varietät mit dem Spiel der Farben.

Rosa ist die Farbe der Liebe.
Es wird als Farbe des Herzens bezeichnet. Sanftheit, Zärtlichkeit und Hingabebereitschaft werden durch Rosaakzente gefördert. Rosenquarz, der Stein der Liebe, bringt alle Eigenschaften der Farbe und der in diesem Stein enthaltenen Mineralien mit.
Diese besonders wertvolle Art, mit Edelsteinen Akzente zu setzen, im besten Fall mit Edelsteinlampen, die vielleicht einen Tick mehr Geld kosten als eine rosa Plastiklampe, zaubert eine stimmungsvolle Harmonie in jeden Raum.
Ich empfehle Ihnen Rosenquarz als Begleiter in Ihrem Schlafzimmer.

Tipp

Stimmen Sie Ihre Wohnfarben von Zeit zu Zeit wieder neu auf Ihre Bedürfnisse ab.

Goldfische und andere Glücksbringer im Feng Shui

Sicher waren Sie schon einmal bei unseren asiatischen Mitbewohnern in einem Restaurant. Das bewusste Aufnehmen der kleinen Zeichen, die für uns Europäer, eventuell als Kitsch zu bezeichnen sind, haben im Feng Shui für die Asiaten große symbolische Kraft - Kraft die über 5000 Jahre alt ist und sich über die Jahrtausende verfeinert hat. Meistens steht am Eingang eines jeden Restaurants ein Wasserbecken, in dem sich gesunde Goldfische oder Kois tummeln. Wasser, das das Lebenselement für den Goldfisch darstellt, sollte immer sauber sein und ein Wasserbecken verströmt viel saubere Chi-Energie.

Der Goldfisch unterstreicht diese Energie als Glücksbringer. Das Fließen des Wassers wäre hier noch eine Steigerung, wenn sich das Wasser in einem geschlossenen Kreislauf bewegt. Die Energie vom fließendem Brunnenwasser, das als Glückssymbol Edelsteine trägt, ist ebenso für Ihr Zuhause geeignet, um z. B. den Eingangsbereich mit positiver Chi Energie zu überfluten.

Tipp

Nutzen Sie die Symbolkraft und den Glauben an Glücksbringer um Ihr Chi zu stärken.

Sollten Sie das Gefühl haben, sich ein Aquarium hinstellen zu müssen, möchte ich Ihnen den Tipp geben, dieses nicht ins Schlafzimmer, ins Badezimmer oder in die Küche zu stellen. Ein idealer Standort wäre der Eingangs- oder der Wohnbereich. Beim weiteren Umsehen in diesem Chinarestaurant werden Sie bemerken, dass dort einige Wandreliefs mystische Tiere sowie z. B. den Drachen enthalten.

Oft findet man in diesen Häusern auch Fächer,

die dazu in der Lage sind, Energiestaus zu verteilen und somit die Energie wieder zirkulieren zu lassen. Die asiatische Fächerkultur ist einmalig auf der Erde und die besonders wertvollen Fächern wie z. B. aus duftendem Sandelholz spiegeln die hohe Stellung der Familie in der Gesellschaft wieder (siehe Karl Lagerfeld).

Delfine haben eine ganz eigene Symbolik.
Die Verspieltheit und die Lebensfreude zeichnet diese Symbole aus. Bereits in alten Legenden wird auch von der Klugheit dieser Meerestiere gesprochen.

– Delfine zeichnen sich besonders durch ihre Intelligenz, ihre fürsorgliche Art und ihre liebevolle Verspieltheit aus –

Die Einzigartigkeit, wie Delfine miteinander umgehen, ist für uns Menschen - und so weiß es auch die asiatische Feng-Shui-Lehre - ein Hinweis für den Weg der verständnisvollen Liebe. Zwei miteinander spielende Delfine sind ein Partnerschaftssymbol, das uns den Weg der liebevollen und fürsorglichen Art der Delfine offenbart. Vorzugsweise sollte man Paardelfine im Partnerschaftsbereich platzieren.

Schutzbringer der besonderen Art sind Engel. Diese fehlen allerdings in der chinesichen Mythologie.

Engelein oh Engelein, halt Einzug in mein Herz, wirst lebenslanger Freund mir sein, vertreibst mir Kummer und Schmerz

Schutzengel sollten jedoch, wie ich finde, auch ihren Platz im Feng Shui bekommen. Engel behüten unseren Lebensweg und man sollte sie vor lauter asiatischer Kultur auf gar keinen Fall vergessen.

Engel sind die Boten Gottes, unsere Beschützer und im christlichen Glauben fest verankert. Die Verschiedenartigkeit der Engel, die in unserer Kultur sogar Namen haben, ist ebenso verschieden wie deren Aufgaben. Hier behandle ich nur das Thema Schutzengel. Jeder Mensch hat von Geburt an seinen eigenen Engel.

Wenn Sie einen Engel als Symbol haben, stellen Sie ihn in die Zone 1, die Ihren Lebensweg darstellt.

Die vier klassischen Glückstiere

Die Schildkröte verkörpert Schutz und Sicherheit. Der Panzer der Schildkröte wirkt wie ein warmer Mantel.
Schildkröten in Verbindung mit Geld und Wasser wie z. B. auf meinem Feng-Shui- Schatzbrunnen sorgen für die Beständigkeit des Geldes, auf dass es nicht immer wieder davonfließt. Schildkröten sind ebenso wie Drachen prädestiniert dafür einzelne Feng-Shui-Bereiche des Baguas aufzuwerten.

Himmelsrichtung Norden

Der Phönix gehört ebenfalls zu den klassischen Tieren des Feng Shui. Dieser befindet sich auch oft in den beschriebenen chinesischen Restaurants in Form von Malereien und Holzschnitzereien. Der Phönix verkörpert im wahrsten Sinne des Wortes das sprichwörtliche „Phönix aus der Asche“. Das bedeutet die Unendlichtkeit der Wiedergeburt. Ebenso ist er ein Symbol für die Kraft, die die Menschen aufbringen müssen, um schwierige Zeiten zu überstehen.

Himmelsrichtung Süden

Der Tiger verkörpert Aktivität, Energie und Kampfgeist.
Die Energie des Tigers ist kaum zu bändigen und eignet sich hervorragend für große Aufgaben, in denen wir viel Kraft brauchen.
Hierbei sollten wir uns mit dem Bild des Tigers als Symbol unterstützen und sinnvoll wäre es natürlich, ihn im entsprechenden Baguabereich einzusetzen.

Himmelsrichtung Westen

Der Drache steht als Glücksbringer und als Beschützer der Erde.

Das paarweise Auftreten der Drachen ist eine besonders energiereiche Symbolik. Drachen lassen große Taten wachsen und bereichern Sie mit dem nötigen Ehrgeiz.
Ein junger Drache steht für energische Tatkraft und ein alter weiser Drache wacht über unser Handeln.

Himmelsrichtung Osten

Kaiserliches Ziegeldach des Ngo-Mon-Tores, Hué Vietnam, 1833

Die drei traditionellen Glückstiere

Chan Chu - der dreibeinige Frosch

In China heißt es, wenn diese mystische Kreatur in der Nähe von Menschen auftaucht, werde man am nächsten Tag gute Nachrichten erhalten.

Im alten China glaubte man, dass dieser mystische Frosch Reichtum und finanzielle Verbesserung bringe und ein Glücksbote sei. Traditionellerweise wird dieser dreibeinige Frosch auf einen Altar gestellt, um seinen Münzenschatz zu bewachen.

Heute ist Chan Chu auf jeder Registrierkasse an Rezeptionen in Büros und auf Schreibtischen erfolgreicher Manager zu finden.

Kei Loon – der Drache

Dieser aus der alten Tradition stammende Glücksbringer ist der Wächter über das Zuhause, wenn man fort ist.
Die Chinesen glauben, dass diese mystische Kreatur vom Himmel geschickt wurde, um über uns zu wachen.

Er besitzt den Kopf eines Drachen, den Körper eines Pferdes und karpfenähnliche Schuppen. Die Legende erzählt, der Drache, auch bekannt als chinesisches Einhorn, kam aus dem Fluss.
Stellt man ihn direkt neben die Eingangstür des Hauses oder der Wohnung mit dem Blick nach draußen, stellt er eine ultimative Form von Schutz dar.

Er gilt als Katalysator gegenüber jedem, der den Bewohnern des Hauses schaden will. Auch wandernde Geister sollen abgeschreckt werden, wenn der Kei-Loon-Drache vor dem Haus oder vor der Haustür platziert wird. Unter dem Schutz des Kei-Loon-Drachen können Sie beruhigt schlafen.

Lo Shu - die Drachenschildkröte

Lo Shu ist eine der bekanntesten Figuren aus dem traditionellen Feng Shui.
Diese Schildkröte mit dem Kopf eines Drachens kam der Legende nach aus dem Fluss Lo - daher ihr Name - und brachte alte Weisheiten mit sich, die den großen Meistern erlaubten, die Geheimnisse von Feng Shui zu entschlüsseln.
Lo Shu ist bekannt dafür, 9 verschiedene himmlische Wünsche mit sich zu bringen, besonders das Glück, reich zu werden.
Besondere Macht wird ihr zugesagt, wenn noch eine Babyschildkröte auf ihrem Rücken sitzt.

Allerdings kann Lo Shu nicht nur für den Bereich des Reichtums eingesetzt werden, sondern wie schon erwähnt, 9 himmlische Wünsche mit sich bringen, für jeden Bagua-Bereich einen. Sie stärkt die Zone 1 „Lebensweg", Zone 2 „Partnerschaft", Zone 3 „Familie", Zone 4 „ Wohlstand", Zone 5 „Tai Chi", Zone 6 „Freunde", Zone 7 „Kinder", Zone 8 „Wissen" und Zone 9 „Ruhm".

Früchte, Pflanzen und Spiegel

Viele Elemente aus unserer westlichen Welt enthalten positives Chi. Eine reichlich gefüllte Obstschale auf dem Esszimmertisch symbolisiert ebenso wie ein gedeckter Tisch Nahrungsreichtum im Haus.

Mit einem großen Wandspiegel, der üppig mit einem Goldrahmen verziert ist und der in der Nähe des Esszimmertisches hängt, kann man symbolisch den Nahrungsreichtum verdoppeln. Hier sagt man, ein Spiegel in dieser Position verhindert zuverlässig den Mangel an Nahrung.

Spiegel sollte man aber ganz gezielt einsetzen und dabei die Symbolik auf keinen Fall außer Acht lassen.

Ein Negativbeispiel möchte ich Ihnen hier kurz nennen:
Ein Spiegel im Schlafzimmer, der womöglich noch vis-a-vis vom Bett steht, lässt die Energie von mehreren Menschen auftreten. Für die Personen, die sich im Spiegel wiederfinden, kann ein intaktes Eheleben bei so viel verschiedenen Spiegelbildern auf gar keinen Fall möglich sein.

Doch zurück zum eigentlichen Thema.

Früchte, die noch an einem Baum hängen, wie an einem Orangen- oder Zitronenbäumchen, symbolisieren ebenfalls Wohlstand und Glück.

Orangerote Früchte sind in China das Symbol für Gold. Ebenso haben verschiedene Blumen und Pflanzenarten auch verschiedene Eigenschaften.

Hierbei sollten Sie beachten, dass Sie auf keinen Fall Pflanzen mit spitzen Blättern oder Dornen wie bei Kakteen in Ihr Zuhause lassen. Diese verbreiten ausgiebig Sha.

Tipp

Die Früchte in der Obstschale sollten auf keinen Fall verdorbene Stellen aufweisen, sondern durch ihre Frische und die pralle Fülle ihres Daseins das Chi stärken.

Eine Ausnahme bildet die Rose, die zwar Stacheln hat, aber durch ihre üppige Blätterfülle und durch die energiereichen Blüten gerne bei Ihnen Einzug halten sollte.

Tipp

Auch Bilder oder hübsch gerahmte Fotos von Blumen, Pflanzen oder einem Wasserfall können entsprechend platziert, das Chi optimieren.

Ebenso sind Pfingstrosen, Seerosen oder Stockrosen Boten der Liebe und wie unsere Bauernrose nicht nur vom ästhetischen Gesichtspunkt Glücksbringer sondern, glaubt man an Legenden, die Blumen, die Frauen betören.

Schnittblumen, Topfblumen, eigentlich gilt diese Regel für alle Pflanzen, müssen, sobald sie Zeichen der Verwelkung zeigen, aus Ihrem Wohnraum entfernt werden oder, sofern es sich um Topfplanzen handelt, ausgeschnitten und mit einem entsprechenden fachmännischen Schnitt verjüngt werden.

Vorhänge, Teppiche, Kissen und sonstige Gestaltungsgegenstände

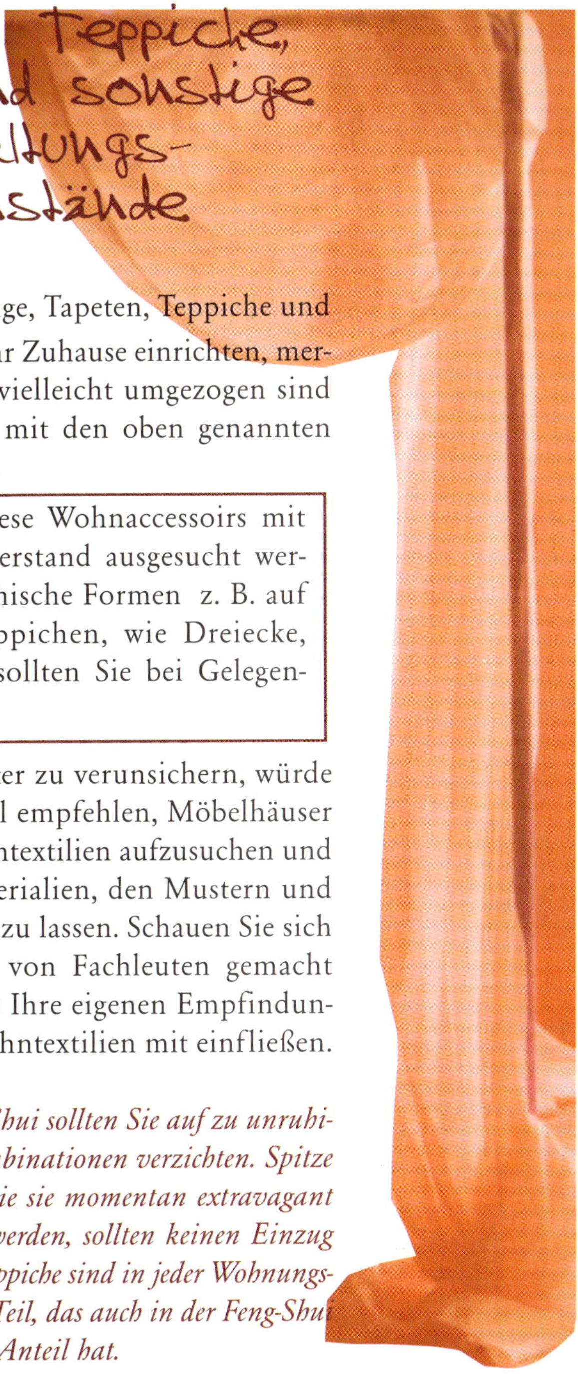

Wie wohnlich Vorhänge, Tapeten, Teppiche und der übliche „Plüsch" Ihr Zuhause einrichten, merken Sie erst, wenn Sie vielleicht umgezogen sind und der letzte Schliff mit den oben genannten Materialien noch fehlt.

> Allerdings sollten diese Wohnaccessoirs mit besonders viel Sachverstand ausgesucht werden. Strenge geographische Formen z. B. auf Vorhängen oder Teppichen, wie Dreiecke, Pfeile und Spitzen, sollten Sie bei Gelegenheit entsorgen.

Um Sie jetzt nicht weiter zu verunsichern, würde ich Ihnen in jedem Fall empfehlen, Möbelhäuser und Geschäfte für Heimtextilien aufzusuchen und sich hier von den Materialien, den Mustern und den Farben inspirieren zu lassen. Schauen Sie sich Dekorationen an, die von Fachleuten gemacht wurden, und lassen Sie Ihre eigenen Empfindungen beim Kauf von Wohntextilien mit einfließen.

Als Grundregel im Feng Shui sollten Sie auf zu unruhige und zu bunte Farbkombinationen verzichten. Spitze und zackige Vorhänge, wie sie momentan extravagant von Designern gestaltet werden, sollten keinen Einzug in Ihr Zuhause finden. Teppiche sind in jeder Wohnungseinrichtung ein wichtiges Teil, das auch in der Feng-Shui Lehre einen wesentlichen Anteil hat.

Zum einen sollten die Teppiche mit allen anderen Elementen des Raumes eine harmonische Einheit bilden, aber zum anderen sollte ein Teppich auch ein solides Fundament bilden. Ein gutes Feng

Shui haben handgewebte Teppiche, die z. B. wie bei den Persern oder auch bei den fernöstlichen Teppichwebereien traditionelle Muster beinhalten. Die Farben der Wandbekleidung sollten ebenso wie alle anderen Details sorgsam auch im Rahmen der Farblehre aufeinander abgestimmt werden.

Der übliche Plüsch, wie man liebevoll Dekorationsgegenstände wie z. B. Kissen nennt, sollte natürlich auch gerade den Wohnraum schmücken.

Kissen haben eine besondere Bedeutung im Feng Shui, weil sie nicht nur Wohnaccessoires sind, sondern Ihrem Körper zusätzlich als Stütze dienen.

Tipp

Kissen in Herzform oder runde Kissen können einen sonst ungünstigen Feng Shui-Raum durch wenige Handgriffe aufwerten.

Diese Wohnaccessoires sind ebenso wie eine Decke mit Bedacht auszuwählen.
Das Brokatkissen, das eigentlich nicht zum Liegen geeignet ist, weil man befürchten muss, dass

hier der wertvolle Brokat durch das Liegen ruiniert wird, ist das beste Negativbeispiel.
In meiner Umgebung schätze ich die Kraft der Kissen in Verbindung mit besonderen Farben und Formen.

Die Füllung der Kissen sollte mit Naturmaterialien und Kräutern einhergehen, denn wie schon anfangs erwähnt, dienen sie auch der Gesundheitsvorsorge.

Auch die Form sollte sich dem Körper anpassen. Aus unserer westlichen Mystik möchte ich, und das habe ich selbst ausprobiert, Ihnen noch etwas Besonderes empfehlen, das ebenfalls im Feng Shui seinen traditionellen Platz hat.

Quasten und Bommeln sind in der Lage, negative Energie zu zerstreuen und Ihre positive Energie zu hüten. Das heißt wo immer Sie das Gefühl haben, wie z.B. die Verzierung eines Kissens, dass sie ansonsten mögen, (aber irgendetwas stimmt hier nicht), ist prädestiniert dafür an allen 4 Ecken ein Bommelchen zu tragen.

Tipp

Auch bei diesen Gestaltungselementen, wie Teppiche, Kissen, Vorhänge usw. sollten Sie darauf achten, dass Sie keine Flecken aufweisen oder gar zerschlissen sind, um die gute Shi-Energie ungehindert fließen zu lassen.

Windspiele und Co.

Windspiele sind empfehlenswerte Feng-Shui-Hilfsmittel zur Verbesserung des Energieflusses. Sie sind mannigfaltig einzusetzen, haben aber ihre Spezialität in Bereichen, wo sich Fenster und Fenster oder Tür und Fenster gegenüberliegen.
Der Sinn der Windspiele liegt darin, einen energetischen Vorhang zu schaffen, um zu verhindern, dass die Energie zu schnell einen Raum verlässt.

Tipp

Wie bei allen Feng Shui Hilfsmitteln ist auch bei den Windspielen und Co. die Natürlichkeit der Materialien oberstes Gebot.

Wie die Beispiele zeigen, ist das Chi in der Lage, zum Sha zu werden, sobald die Energie auf dem direkten Weg durch die nächste Hausöffnung wieder verschwinden kann.

Um diese rasenden Energien etwas zu bremsen, setzt man eine Art energetischen Vorhang vor das Fenster oder vor eine Tür.

Aber nicht nur innerhalb des Hauses kann man Energien leiten, ebenso bereitwillig lässt sich der Bereich vor der Haustür, vor der Balkontüre oder an Hausecken stärken.

Der Wind wird bei diesen vor den Türen platzierten Objekten die Klangröhren oder Edelsteinscheiben zum Klingen bringen.

Jetzt sind wir auch schon bei den verschiedenen Ausführungen, die es in fast allen Fachhandlungen zu kaufen gibt.

Die energetisch wertvolle Handarbeit von geschnittenen Kristallscheiben bietet laut Feng Shui einen besonderen Schutzmechanismus.

Hier sollte man vorzugsweise auf den edlen Stein Achat zurückgreifen, der als ganz besonderer Schutzstein gewertet wird. Andere Windspiele sind aus Materialien wie Holz und Metall.

Allerdings sollten Sie hier auf die Farbe der Materialien achten. Schwarz kann auf gar keinen Fall positive Energien bringen.

Eine besondere Form der Windspiele sind die figürlichen Ornamente mit entsprechenden Aussagen. Spielende und tanzende Delfine, vorzugsweise aus dem Element Holz, werden jede Schwere aus einem Raum nehmen und die verspielte Leichtigkeit der Delfine muss zwangsweise Einzug halten.

- Hauche dem Wind deine
verbrauchten Gedanken zu
und er wird Dir
neue ins Ohr flüstern -

Geschenke sorgsam auswählen

Bekomme ich etwas geschenkt oder möchte ich etwas Besonderes an einen lieben Menschen verschenken, sollte dieses mit Bedacht ausgewählt werden. Geschenke werden meistens von dem Beschenkten als ein Stück Erinnerung aufbewahrt und haben somit einen besonderen Stellenwert, der mit der Erinnerung an diesen lieben Menschen stark verknüpft ist.

Tipp

Halten Sie sich immer ein paar rote Briefumschläge und ein paar symbolische Glücksmünzen bereit, um die negative Energie von ungünstigen Geschenken zu mildern.

Im Feng Shui sollte man es vermeiden, Gegenstände zu verschenken, die eine schlechte Energie darstellen könnten. Hierzu zählen alle Arten von Werkzeugen, auch elektrische, spitze Gegenstände, wie Messer, Besteck, und alle Arten von Nadeln.

Solche Gegenstände haben kann nach Feng Shui keine positive Energie. Eine alte Tradition in Fernost ist es, falls man so ein Geschenk bekommt, dem Schenkenden sofort eine Glücksmünze zu geben, mit dem man ihm das Geschenk symbolisch abkauft und dadurch die negative Energie des Gegenstandes mildert.

Solche Gegenstände wie z. B. Brieföffner oder Scheren, die achtlos auf dem Schreibtisch herumliegen, bilden nach der asiatischen Lehre „Giftpfeile“.

Feng Shui stärkt die Karriere

Ihr erstes Aushängeschild, wenn Sie Ihre eigene Firma haben, ist das Firmenschild, die Visitenkarte oder der Briefbogen.
So manch einer ist schon mit schönen Firmenschildern und allen anderen toll gestalteten Elementen in den Bankrott gelaufen Dahersollten Sie das eine oder andere aus dem Feng Shui über diesen Bereich wissen.

> Wenn Sie ein Firmenelement gestalten, müssen Sie darauf achten, dass hier genügend runde Elemente vorhanden sind. Spitze, nadelförmige oder zu kantige Designs bringen sicherlich nicht den erhofften Segen.

Ob Sie das am Anfang in Eigenarbeit machen oder eine Werbeagentur, Ihr Augenmerk sollte auf diesen Punkten liegen.
Ebenso wichtig ist der Eingang Ihres Büros oder Ihrer Firma. Ein großer Eingang wirkt immer imposant und strahlt Stabilität aus, egal wie der Rest des Hauses aussieht.

Tipp

Wenn am Eingang keine baulichen Veränderungen möglich sind, oder diese zu kostspielig wären, arbeiten Sie hier mit runden Säulen oder grossen Pflanzen zu beiden Seiten der Türe oder des Treppeneingangs.

Tipp

Wenn die Aura der Räume stimmt und viel gutes Chi darin verweilt, wird der Kunde sich wohlfühlen.

Aber das ist nicht immer möglich. Die Größe des Hauses und die Größe des Eingangs sollten harmonisch zueinander passen. Wenn Sie sich z. B. verschiedene China-Restaurants anschauen, können Sie einiges lernen. Ist der Eingang zu klein, wird er optisch durch Pflanzen oder symbolträchtige Figuren vergrößert und gestärkt.

Ist der Eingang zu groß im Vergleich zu dem Haus, wird er optisch schöner gestaltet und durch Pflanzen und ebensolche Figuren wieder verkleinert. Übertriebene Elemente sollten hierbei vermieden werden.

Der Firmensitz an sich ist ebenso wichtig. Wenn sie „nur“ ein Büro haben, wäre es sinnvoll, für die Kunden kurze Anfahrtswege zu schaffen. Es gibt je nach Unternehmensart verschiedene Anforderungen, die hier unbedingt zu beachten sind. Große Bürogebäude bieten alle Annehmlichkeiten, um Anfahrt und Aufenthalt für Ihre Kunden so bequem als möglich zu machen.

Für herstellende Betriebe, ob Handwerk oder sonstiges, sollten Sie Ihren Standort etwas anders auswählen. Hier geht es darum, eine gute Infrastruktur, einen guten qm-Preis und die entsprechenden Fachkräfte zur Verfügung zu haben.

Dieser imposante Drache eignet sich hervorragend als Schutzsymbol. Ideal ist eine paarweise Anordnung.

Um hier nicht zu weit auszuufern, möchte ich gleich zum nächsten ganz wichtigen Element der Karriere kommen.

Ihr Schreibtisch!
Der Schreibtisch sollte wenn möglich harmonische Formen haben. L-und U-förmige Schreibtische gelten im Feng Shui als nicht besonders günstig. Besser ist es, an einem rechteckigen Schreibtisch zu sitzen.

Dennoch können Sie jeden Schreibtisch aufwerten und so Ihrer Karriere einen Schub geben.
Die ideale Position für einen Schreibtisch ist immer gegenüber der Eingangstür, so dass Sie diese im Auge haben und immer sehen, was sich ihnen nähert. Wählen Sie Ihren Sitzplatz so, dass Sie eine Wand im Rücken haben. Vermeiden Sie es den Stuhl vor dem Fenster aufzustellen.

Die Einteilung auf dem Schreibtisch sollte ähnlich einem Bagua gestaltet sein. Also sollten auf dem Bereich der Zone 4 „Wohlstand" auf gar keinen Fall Rechnungen liegen. Die Bereiche 8 und 9 „Wissen" und „Ruhm" sollten ebenso besonders beachtet werden.

Wenn z. B. der Aschenbecher auf einer dieser Zonen steht, kann sich das ungünstig auswirken.

Tipp

Versuchen Sie Ihren Schreibtisch immer so ordentlich wie möglich zu halten, um Ihre Gedanken nicht auf zu viele Sha-Barrieren treffen zu lassen.

Tipp

Auch eine üppige Pflanze oder ein praller, frischer Blumenstrauß unterstützen das Chi am Schreibtisch.

Für den Schreibtisch, der ja nur eine begrenzte Größe hat, sollten Sie sich entsprechend kleine Gestaltungselemente aussuchen.

Glücksmünzen in einer Edelsteinschale, z. B. für die Zone 4, oder Kristallformationen werten jeden Bereich des Baguas auf.

Die traditionellen Glücksbringer aus dem Feng Shui sind besonders stark und sollten hier mit viel Bedacht eingesetzt werden. Chan Chu, der dreibeinige Frosch, eignet sich ideal für den Schreibtisch „erfolgreicher" Geschäftsleute, übrigens ich hab sie alle.

Ein Schreibtisch für Frauen darf ruhig etwas mehr weibliche Elemente haben. Hier eignet sich z.B. um den Familienbereich, der ja auch für Frauen sehr wichtig ist, ebenso für Männer, ein höheres Gefäß oder eine schöne Schale (ein Gefäß ist immer ein Symbol des Auffangens von Glück), das Sie mit verschiedenen Edelsteinen füllen und so wertige Elemente mit den klassischen Harmonieträgern ins Chi geleiten.

Ob Sie selbständig sind oder nicht, Sie haben wahrscheinlich immer mit Papier zu tun, Papier im Sinne von Ordner.
Ob es Ihre privaten Steuerordner sind, Akten von Wohnung und Haus oder Geschäftsberichte, auch hier macht das Feng Shui nicht Halt. Glücksmünzen mit einem quadratischen Loch in der Mitte sind besonders gut geeignet, um solche wichtigen Schriftstücke mit einem positiven Feng Shui zu belegen.

Ein rotes Band durch 3 Münzen geknotet eignet sich ideal dazu, Ordner, Aktenschränke oder besondere Schriftstücke zu schützen.

Das Aufbewahren der Ordner ist allerdings ebenso wichtig. Aktenordner mit wichtigem Inhalt sollten niemals achtlos auf dem Boden liegen oder unter Treppenaufgängen geparkt werden. Die Rückwand einer Toilette bietet sich natürlich auch nicht besonders gut dafür an.

Schränke, die verschlossen sind, oder runde Säulen, die Ordner tragen, sind ideal.

Tipp

Bürogegenstände, z. B. Steuerordner, mit denen Sie negative Gedanken in Verbindung bringen, sollten Sie immer in verschlossenen Schränken oder wenigstens außerhalb Ihres Blickfeldes aufbewahren.

Wohlstandshilfe durch Feng Shui

Frösche und Schildkröten gelten allgemein als Glücksbringer.

Die Asiaten sind der Meinung, wenn man eine ganze Familie dieser Lebewesen hat, schützen sie außerdem noch vor Gefahren und Unglück. Ebenso kann man mit Schildkröten insbesondere das Glück günstig beeinflussen.

Sie beschützen durch ihre Form und sorgen für Beständigkeit.
Sauberes Wasser, in dem sich Schildkröten wohl fühlen, ist ebenfalls ein Symbol für Reichtum, der von der Schildkröte beschützt wird.
Fließendes Wasser, das nicht davonfließt, sondern in einem Brunnengefäß zirkuliert, hat ebenfalls die Bedeutung des Festhaltens.
Mit diesen Elementen lässt sich das Chi um ein Vielfaches verdoppeln.

Der von uns entwickelte Schatzbrunnen trägt all diese Elemente in sich: fließendes, sauberes Wasser, starke energetische Farben und der Schutz der Schildkröte für das Geld, das Sie in eine Schale auf den Brunnen legen.

Die Kraft der Edelsteine darf natürlich auch hier nicht fehlen. Ob Sie diesen Brunnen auf den Schreibtisch in die Reichtumszone stellen oder Ihr Wohnzimmer in der Reichtumszone günstig beeinflussen, bleibt Ihnen hier selbst überlassen.

Ein Spiegel, der im Blickwinkel des Schatzbrunnens steht, das wissen Sie ja, verdoppelt das Chi. Spiegel können Sie überall dort einsetzen, wo Sie positives Chi stärken wollen. Wenn Sie einen Garten haben, holen Sie sich einen kleinen Kompass, gehen Sie in die nord-östlichste Ecke und vergraben Sie hier eine Geldkassette, die natürlich einige der Glücksmünzen enthält. Lassen Sie einen kleinen Hügel entstehen, der im Feng Shui die Bedeutung eines Goldhügels hat. Ferner gibt es Gottheiten, die auch einen starken Einfluss auf das Feng Shui haben sollen.

Da ich persönlich keine fremden Gottheiten anbete noch verehre, möchte ich mich hierüber ausschweigen.

Klingende Glöckchen an roten Bändern, die Sie entweder an der Tür anbringen oder vor einen Spiegel hängen, sind Symbole und erinnern an das Klimpern von Goldstücken.

– Mit einem Lächeln auf den Lippen tritt das Glück zur Tür herein – wenn man es lässt –

Unsere europäische Hufeisenform stellt ebenso einen Glücksfänger im Feng Shui dar.

Chi durch Licht und Düfte

Unsere Wahrnehmungen werden durch unsere Sinne geleitet. Prägnante Wahrnehmungsorgane sind Augen, Nase, Ohren und ganz besonders auch die Haut.

Die Duftqualität, die uns umgibt, beeinflusst extrem stark unser Wohlbefinden. Durch Essensgerüche regen wir unseren Appetit an und bekommen Hunger. Durch Gerüche in Krankenzimmern und Krankenhäusern werden wir an unsere Sterblichkeit erinnert und angenehme Gerüche, wie die frische Waldluft, stärken unser körperliches Chi. Um unser Wohlbefinden durch Duftmoleküle zu stärken, stehen uns verschiedene Hilfsmittel aus der Natur zur Verfügung.

Hier spreche ich ausschließlich von Natur, denn andere Düfte, die synthetisch oder teilsynthetisch sind, irritieren unsere Sinne und sind für unser Gehirn zu verwaschen, um ihre Qualität zu erkennen.

Tipp

Wenn Sie mit ätherischen Ölen und deren himmlischen Düften arbeiten, beachten Sie unbedingt die Natürlichkeit dieser Essenzen.

Ätherische Öle enthalten die Lebenskraft der Pflanzen in konzentrierter Form. Das Wort „ätherisch“ bedeutet flüchtig, frei poetisch übersetzt himmlisch. Das alles deutet darauf hin, dass es

sich hier um etwas Flüchiges, nicht Greifbares handelt.
Auf der anderen Seite sind ätherische Öle etwas sehr Materielles der Pflanzen, denn allein durch den Duft unterscheiden sich schon alle Pflanzen. Genau wie wir Menschen haben also alle Pflanzen ein verschiedenes Duftmuster.

Bei den Pflanzen gelten die ätherischen Öle als Seele und spiegeln die gesamte Persönlichkeit und den Geist der Pflanze wider.

Die Wirkung auf den Menschen findet in erster Linie auf einer feinstofflichen Ebene statt. Sie ist subtil und bewegend zugleich und übermittelt bestimmte Schwingungen.

Tipp

Setzen Sie die einzelnen Düfte ganz gezielt nach Ihren momentanen Bedürfnissen ein.

Jean Valnet, einer der Väter der Aromatherapie, geht sogar so weit, zu behaupten, dass Pflanzen Krebs verhindern können. Die ätherischen Öle sollen zudem auch schmerzstillend wirken und körpereigene Endorphine anregen, wodurch der Körper den Weg in Gesundheit und Heilung einschlagen kann.

Viele klinische Untersuchungen und Studien haben in den letzten Jahrzehnten belegt, dass ätherische Öle tief greifend das gesundheitliche Befinden positiv beeinflussen können, und bestätigen das, was man früher nur vermutete.

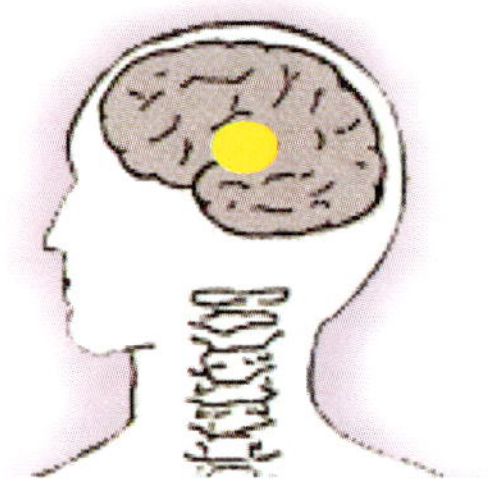

Der Weg, den die Pflanzenessenzen mit ihren Duftmolekülen nehmen, kann mannigfaltig sein: äußerlich über die Haut, innerlich über den Verdauungstrakt und der direkte Weg geht über die Nase.

Hier erreichen die Duftmoleküle sofort das limbische System, jenen Teil des Gehirns, der für unsere Gefühlswelt verantwortlich ist. Und hier sind wir bei der eigentlichen Aromatherapie.

Tipp

Setzen Sie die einzelnen Düfte ganz gezielt nach Ihren momentanen Bedürfnissen ein.

Gefühle, die durch ätherische Öle beeinflusst werden, äußern sich in Stimmungen und Emotionen und öffnen das Tor zum Unbewussten. Den Seelenbalsam, den wir uns durch verschiedene Duftstoffe zukommen lassen können, wissen wir in unserer Neuzeit oft gar nicht zu schätzen.

Blütenöle wie Neroli und Jasmin haben ebenso wie Orange oder Zitrone Einfluss auf höhere Gefühlsebenen. Selbst kleinen Schocks können wir mit diesen Düften leichter entgegenwirken. Die Konzentration und Wahrnehmungsfähigkeit wird gesteigert bei verschiedenen Minzen und Eukalytusarten.
Gewürzöle fördern die aktive Verarbeitung und geben viel Kraft und Energie. Hölzer und Wurzelöle sind für unsere Erdverbundenheit zuständig und stärken die Standfestigkeit im Leben.

Einige Bücher der Aromatherapie gehen sehr schön auf dieses Thema ein, allerdings würde dies hier zu weit führen. Deshalb empfehle ich Ihnen weiterführende Fachliteratur.

Für die Anwendung der ätherischen Öle gibt es einige Grundregeln.
Sie haben die Möglichkeit, diese kostbaren Essenzen, diese Kraft des Lichts in einer Aromaschale mit Hilfe einer elektrischen Glühbirne oder eines Teelichts und der daraus entstehenden Wärme zu verteilen.

Die Qualität der Duftmoleküle wird durch die Oberflächenvergrößerung intensiviert und verfeinert. Allerdings sollten Sie darauf achten, dass in diesen Aromaschalen genügend Wasser ist und das Wasser nicht zu heiß wird.

Verschiedene ätherische Öle können, wenn sie zu heiß sind, bei empfindlichen Personen Befindlichkeitsstörungen auslösen.

Wichtig ist, dass Sie vor allen Dingen 100 % naturreine ätherische Öle nutzen, denn synthetisch hergestellte Duftöle können sogar toxisch (giftig) werden, wenn sie erhitzt werden.

Das Feng Shui, das Sie dadurch haben, wird die ganze Raumqualität verändern und Ihnen bei Ihren Stimmungen und Gefühlen mit einem kräftigen Chi zur Seite stehen.

Ätherische Öle können Sie in jedem Raum nutzen und in jeder Bagua-Zone erfolgreich einsetzen.

Tipp

Achten Sie auch hier auf die Sauberkeit des Duftgefässes und die Reinheit des Wassers. Abgestandenes Wasser oder Schmutzränder beeinträchtigen das positive Chi.

Ätherische Öle für die körperliche Pflege sind das Nonplusultra für Körper und Geist, zum einen durch den Kontakt mit der Haut und zum anderen durch unser Geruchsorgan.

Düfte, himmlische Klangakorde für die Seele

Die Reinheit dieser Substanzen sollte allerdings vom Hersteller gewährleistet sein. Es gibt auf dem Markt doch den einen oder anderen guten Hersteller.

Parfum, das auf reinen ätherischen Ölen basiert, mit den entsprechenden Themen dahinter, eignet sich auch hervorragend für die körperliche Feng-Shui-Arbeit, denn im Mittelpunkt steht ja bei allem Feng Shui das körperliche Wohlbefinden und die geistige Klarheit, seine Aufgaben zu meistern.

Das Werkzeug zu einer höheren Macht

Hier an dieser Stelle möchte ich das Räucherwerk ins Spiel bringen, denn diese Art von Dufthauch ist mit vielen Traditionen und Kulturen tief verwurzelt.

Der zarte Rauch beginnt eine Zweisamkeit mit Ihrer Seele und die Geruchsnoten, die entstehen, haben die Fähigkeit, Momente existieren zu lassen, die außerhalb von Raum und Zeit stehen.

Die Geister der Pflanzen, die durch den feinen Rauch für uns nutzbar gemacht werden, unterstützen Kraft, Visionen und fördern den Kontakt mit dem Wesentlichen.

Die eigentliche Kultur des Räucherwerks zu beschreiben würde den Rahmen dieses Buches sprengen. Trotzdem versuche ich Ihnen mit wenigen Worten, die ungeheuren Erlebnistiefen, die Sie erwarten, mit wenigen Worten nahe zu bringen.
Ein kaum wahrnehmbarer Dufthauch von Räucherwerk genügt, um Sie in andere Welten zu versetzen und Ihr Leben mit magischen Dimensionen zu bereichern.
Die Einsatzmöglichkeiten des Räucherns sind ebenso vielfältig wie die Pflanzen, die man verräuchert. Von Reinigungsritualen bis zu Willkommensräucherungen oder auch dem Verabschieden eines Menschen im Sterbezimmer-mit diesen machtvollen Duftwerkzeugen ist alles Denkbare möglich.

Tipp

Setzen Sie diese Werkzeuge dem Sinn und dem Motto entsprechend ein.

Das Räucherwerk selbst sind getrocknete Pflanzenbestandteile, von den Blüten bis hin zu den Wurzeln oder auch Harze wie Benzoe und Weihrauch. Das Räuchern sollten Sie immer einsetzen, wenn Sie das Gefühl haben, an Grenzen zu stoßen, die Sie selbst nicht benennen können: wenn Sie mit Hilfe von Meditation Gedanken klären möchten oder wenn Sie selbst einen Anker suchen, weil Sie den Halt im Leben nicht mehr finden.
Für das aktive Räuchern empfehle ich Ihnen auch hier eine Fachliteratur, die Sie in die Tiefe des Räucherns und in die Wirkung der einzelnen Räucherwerke einführt.

Tipp

Räucherwerk für Reinigungsrituale sollte einen Hauch Frische versprühen.

Die Atmosphäre und damit das Feng Shui einer Wohnung wird sich durch Räuchern merklich verändern. Energie und Lebenskraft halten Einzug und das Chi wird schwungvoll alle Energiefelder positiv berühren.

Eine energetische Reinigung durch das Räuchern gleicht einem Frühjahrsputz und ist besonders notwendig, wenn Sie eine neue Wohnung beziehen oder sich ein gebrauchtes Haus kaufen oder wenn Sie alte Einrichtungsgegenstände vom Trödelmarkt erstanden haben.

So genannte Geister und Wesenheiten, so steht es in alten Schriften zu lesen, werden durch das Räuchern gezwungen, diesen Ort zu verlassen.

Es gibt im Handel spezielle Räuchermischungen für eine Schutzräucherung, bei denen Sie nicht selbst die einzelnen Räucherstoffe zusammenstellen müssen.

Auch bei der Trauerbewältigung lässt sich das Chi durch Pflanzenräucherung stärken. Nach Krankheit oder Streit sollte grundsätzlich immer geräuchert werden, um negatives Sha zu verdrängen. Das Werkzeug, zum Räuchern gibt es im ausgesuchten Fachhandel.

Tipp

Probieren Sie in Ruhe und mit Bedacht aus, ob Ihnen Räuchersieb mit losem Räucherwerk oder Räucherstäbchen mehr zusagen.

Es gibt verschiedene Arten des Räucherns, wobei das Verräuchern von Räucherstäbchen mit etwas Vorsicht zu genießen ist, da die Inhaltsstoffe dieser Räucherstäbchen meistens nicht 100 % naturrein sind.

Das Verräuchern von losen Kräuter, Rinden und Harzen ist die traditionellste Art und schon seit vielen Tausenden von Jahren im Gebrauch.
Um sich dieses Räuchern etwas zu erleichtern, gibt es seit Kurzem im Handel so genannte Räuchersiebe, die selbst für den in der Handhabung Ungeübten gleich am Anfang Erfolg versprechen.

Nutzen Sie diesen heißen Draht zum Göttlichen, um sich und Ihrer Familie-und hiermit spreche ich auch Ihre Kinder an, denn Sie wissen ja, gerade in der Prägephase ist es möglich, den Kindern viel mit auf den Weg zu geben-einen Duft Feng Shui zu schaffen.

Die Boten des Lichts

Wird es in unseren Breitengraden im Herbst und Winter jahreszeitgemäß früher dunkel draußen, verfallen viele Menschen in Depressionen und Trauer.
Unser Körper braucht also Licht, um die Seele zu erhellen. Dies ist ein Zeichen dafür, dass wir auch im Feng Shui mit Licht und Lichtenergie arbeiten sollten.

Ich sage hier arbeiten, weil das im Sommer aufgestellte Licht im Winter sicherlich Verstärkung braucht oder auch der gesamte Raum mit der Lichtenergie umgestellt werden sollte. Kerzen und warme Steinlampen setzen besondere Akzente und schaffen auch in problematischen Raumbereichen eine klare Raumatmosphäre mit aktivem Chi.

Negativbeispiele von Lichtenergie im Zusammenhang mit Feng Shui sind so genannte Niedervolt-Halogensysteme, Leuchtstoffröhren und zu grelle Lichterzeuger. Transformatoren, die Brummgeräusche und damit auch viel Elektrosmog verursachen, sollten Sie ebenfalls meiden.

Stimmungsvolles Licht mit den Boten aus dem Erdinneren verteilt lebendige Energie und die Mindestdosis an Lebenskraft wird immer überschritten.

Die Kraft der Edelsteine ist ebenso bei einer Lichtquelle einzusetzen, z. B. als Edelsteinlampe oder als Edelsteinteelicht, wie die Farbtherapie, die die Edelsteine mit ihrem Charakter verzaubern.

Es ist nicht nur eine Augenweide für jeden Besucher, sondern das Chi, das Sie in Ihren Räumen wecken, wird Ihren Besuch nicht unbedingt zum gehen veranlassen.

Tipp

Stellen Sie in sogenannten dunklen, toten Ecken gezielt Kerzen oder Lampen auf, die hier für Lichtreflexe und somit für positives Chi sorgen.

Die Farbwahl der Edelsteine sollte besonders im Schlafbereich durchdacht sein, denn Rot und Orangetöne, wie z. B. beim Orangencalcit, sind für einen Schlafraum zu anregend.
Hier empfehle ich den Rosenquarz.

Tipp

Nutzen Sie für ein gutes Chi die Lichtenergie gezielt mit der Farbe des Edelsteins.

Zusammenfassung der empfohlenen Hilfsmittel

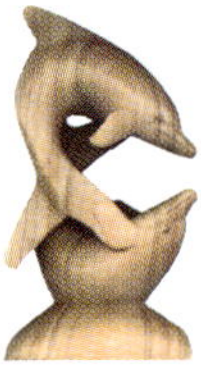

Paardelfine

Ein spielendes Delfinpärchen wertet den Partnerschaftsbereich auf. *Zone 2*

Delfine

Auch einzelne Delfine, die sich natürlich auch Gruppieren lassen, nehmen die Ernsthaftigkeit und bringen Besonnenheit und Mitgefühl.

Schildkröte

Sie steht als Beschützer, Bewacher und sorgt für Beständigkeit.

Drache

Er ist ein besonders starkes Symbol, ein Soldat im Feng Shui, der entweder als junger Drache für energische Tatkraft steht oder als alter Drache wehrhaft über unser Handeln wacht.

Goldfisch

Er unterstreicht die Energie als Glücksbringer.

Zusammenfassung der empfohlenen Hilfsmittel

Chan Chu – der dreibeinige Frosch

Ein mystischer Frosch, er ist ein Glücksbote und bringt eine finanzielle Verbesserung.

Lo Shu – die Drachenschildkröte

Sie bringt alte Weisheiten mit sich.

Kai Loon – der Drache

Er gilt als Katalysator gegenüber jedem, der den Bewohnern des Hauses schaden will.

Phönix

Das Wort „Phönix" alleine, bedeutet die Unendlichkeit und Wiedergeburt.

Engel

Sie sind ein christliches Symbol und demnach sollte jeder Mensch einen Schutzengel haben.

Zusammenfassung der empfohlenen Hilfsmittel

Tiger

Tiger und Löwen verkörpern Aktivität, Energie und Kampfgeist.

Wasser

Fließend klares Wasser, das sich in einem See fangen sollte, ist ein Symbol für fließende Energie, die aufgehalten werden kann.

Feng Shui Bergkristalle

Geschliffene Bergkristalle sind ebenso wie natürlich gewachsene Kristallspitzen, in der Lage, Sonnenstrahlen einzufangen und diese in Regenbogenfarben an den Raum abzugeben.

Fächer

Fächer sind ebenso wie Flöten Vertreiber von der schädlichen Sha-Energie.

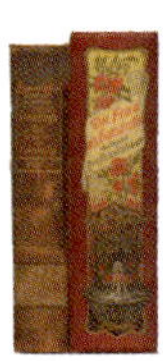

Bücher

Hochwertige Sachbücher und Fachbezogene Literatur werten den Bereich der Karriere *Zone 1*, des Wissens *Zone 8* und den Bereich Ruhm *Zone 9* auf.

Zusammenfassung der empfohlenen Hilfsmittel

Vorhänge

Schön geschwungene Vorhänge und harmonische Farben können eingesetzt werden, um stöhrende Elemente wegzukaschieren.

DNS-Spirale

Diese Spirale hängt man von der Dekke und sie soll in diesem Bereich Blokkaden beseitigen.

Quasten

Schon im Mittelalter wurden Quasten benutzt, um schädliche Energien zu zerstreuen. Frauen trugen damals Quasten am Gürtel, um sich vor bösen Mächten zu schützen.

Pa-Kua-Spiegel

Spiegel sind grundsätzlich in der Lage, alles wiederzuspiegeln und zu vermehren. Dieser Pa-Kua-Spiegel ist in der Mitte konvex und wehrt schädliche Energien ab.

Feng-Shui-Flöten

Sie vertreiben schädliches Sha.

Anwendungsbeispiele für das Bagua

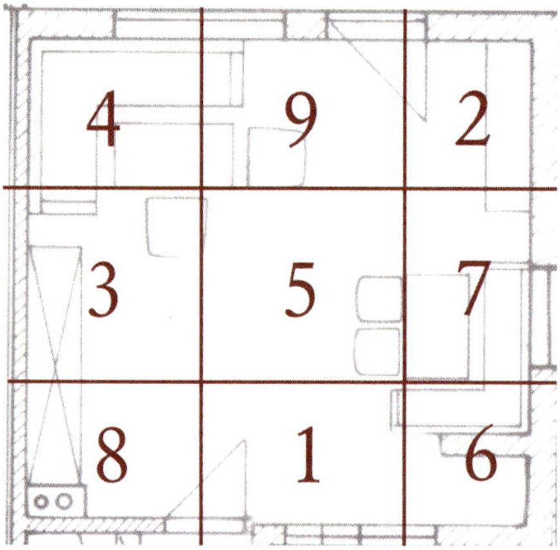

Anwendung auf einen Zimmergrundriss

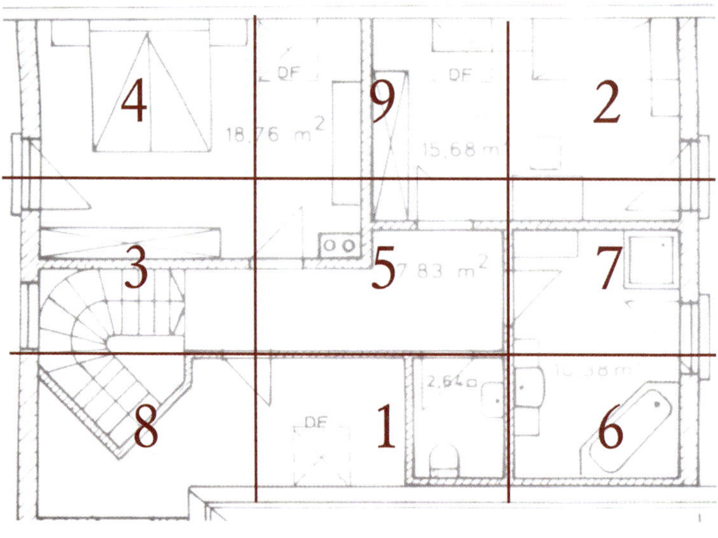

Anwendung auf einen Wohnungsplan

Ein altes Feng Shui-
Sprichwort sagt:

Besucht die Sonne
nicht Dein Haus,
dann tut es der Arzt.